贵州内陆开放型经济试验区
基础设施融资问题研究

GUIZHOU NEILU KAIFANGXING
JINGJI SHIYANQU
JICHU SHESHI RONGZI WENTI YANJIU

李靖 等·著

中国经济出版社
CHINA ECONOMIC PUBLISHING HOUSE
·北 京·

图书在版编目（CIP）数据

贵州内陆开放型经济试验区基础设施融资问题研究／李靖等著.
—北京：中国经济出版社，2020.3
ISBN 978-7-5136-6078-5

Ⅰ.①贵… Ⅱ.①李… Ⅲ.①区域经济—基础设施建设—融资—研究—贵州 Ⅳ.①F127.73

中国版本图书馆 CIP 数据核字（2020）第 036942 号

责任编辑　杨元丽
责任印制　巢新强
封面设计　任燕飞

出版发行　中国经济出版社
印 刷 者　北京九州迅驰传媒文化有限公司
经 销 者　各地新华书店
开　　本　710mm×1000mm　1/16
印　　张　17
字　　数　250 千字
版　　次　2020 年 3 月第 1 版
印　　次　2020 年 3 月第 1 次
定　　价　68.00 元
广告经营许可证　京西工商广字第 8179 号

中国经济出版社 **网址** www.economyph.com **社址** 北京市东城区安定门外大街 58 号 **邮编** 100011

本版图书如存在印装质量问题，请与本社销售中心联系调换（联系电话：010-57512564）

本书作者按贡献排名

李　靖

马静霞

李盼杰

王　宇

李江洪

PREFACE 前言

2016年8月5日，国务院以国函〔2016〕142号文件复函贵州省人民政府、国家发展改革委，批复同意设立贵州内陆开放型经济试验区。党的十九大报告明确指出，要加强水利、铁路、公路、水运、航空、管道、电网、信息、物流等基础设施网络建设。诸多实践证明：当前我国投资结构正在不断优化。深化投融资体制改革，发挥投资对优化供给侧结构的关键性作用，提高直接融资比重，促进多层次资本市场健康发展是我国进一步推进社会主义现代化建设的重要举措。在此背景下，选择合适的融资模式推进贵州内陆开放型经济实验区基础设施建设已成为当务之急。基础设施具有先行性与基础性，对经济增长的贡献至关重要。当前贵州作为内陆开放型经济试验区，对外开放力度不断加大，引入外资的数量也在逐渐增加，但基础设施相对比较薄弱的问题仍然较为突出。

本书在分析总结贵州内陆开放型经济试验区基础设施融资取得的主要成效、存在主要问题的基础上，研判国家基础设施融资政策取向以及贵州内陆开放型经济试验区基础设施融资面临的新形势、新要求，并借鉴国内外成功的经验做法，提出贵州内陆开放型经济试验区基础设施融资的基本思路、主要目标、重点任务以及深化基础设施融资体制改革、拓宽基础设施融资渠道、创新基础设施融资体制机制、规避基础设施融资风险与创新农村基础设施融资模式的对策建议。

本书的主要内容包括以下六个方面：

（一）绪论

从本书的选题背景与研究意义出发，对国内外文献综述进行了梳理，对相关概念进行了界定，对本书的理论基础、研究内容与思路、研究目标与方法、研究特色与创新之处进行了介绍。

（二）贵州基础设施融资取得的主要成效、存在的主要问题

1. 贵州内陆开放型经济试验区基础设施建设现状分析。近年来，贵州基础设施建设主要致力于交通运输、城市公用事业、能源基础设施、智能信息、生态环境、农村基础设施建设等方面并取得了显著成效。一是交通基础设施先行建设，生产活力蓄势待发。二是城市公用事业建设重点落实，加快城镇化发展步伐。三是能源基础设施同步建设，合理开发利用资源。四是数字贵州建设大力推行，智能信息快速普及。五是生态环境发展稳固根基，持续发展落到实处。六是农村基础设施建设加快推进。

2. 贵州基础设施融资取得的主要成效。贵州内陆开放型经济试验区基础设施融资取得的成效主要有：一是逐步完善融资环境，内外活力双向迸发。二是地方金融改革逐步推进，地方金融机构得到优化。三是借助“投资”拉动效应，招商引资成为重要“抓手”。四是政府逐渐退出基础设施竞争领域，社会资本活力释放。五是农村基础设施融资参与主体多元化。

3. 贵州基础设施融资存在的主要问题。贵州内陆开放型经济试验区基础设施融资存在的主要问题有：一是基础设施融资平台建设滞后。二是基础设施融资渠道单一。三是基础设施间接融资比重过大。四是基础设施融资金融服务体系不健全。五是基础设施融资环境有待改善。六是农村基础设施融资存在政府投资不足、金融支持缺位、农村集体力量薄弱、社会资本投资意愿不高、农户自身积累能力不强等问题。

（三）贵州内陆开放型经济试验区基础设施融资面临的形势分析

1. 国家基础设施融资政策取向。国家基础设施融资政策取向取决于其基础设施投资政策。总体上看，今后一段时期基础设施投资仍然是支撑我国经济增长的重要动力。基础设施投资政策的实施必须要有相应的融资政策配合，国家在交通运输、产业智能化以及环保等方面要进行大量的基础设施投资与建设。因此，国家的基础设施融资政策环境总体对贵州内陆开放型经济试验区的基础设施融资较为有利。

2. 贵州内陆开放型经济试验区基础设施融资面临的新形势、新要求。一是贵州内陆开放型经济试验区基础设施融资面临的新形势。从国际上看，国际金融危机影响深远，世界经济增长速度减缓，我国发展的外部环境更趋复杂。从国内来看，经济发展环境正在发生变化，资源、生态、环境等对发展的瓶颈制约也在进一步加剧。国家在今后一段时期将大力调整投资结构，加快推进经济结构调整和发展方式转变。从省内看，目前，贵州是西部地区乃至全国经济社会发展落后的省份，居民投资能力不强、社会融资渠道不畅。贵州内陆开放型经济试验区基础设施融资的软、硬环境需要进一步改善，农村基础设施建设滞后。二是贵州内陆开放型经济试验区融资面临的新要求。融资量决定社会资源占有量，谁拥有了金融资源，谁就占据了经济发展的主动权。今后一段时期是贵州内陆开放型经济试验区基础设施建设的黄金期，对基础设施融资的需求将呈现爆发性增长趋势，为金融发展提供难得的机遇，当然也会带来一定的压力。贵州内陆开放型经济试验区融资主要面临着积极创新基础设施融资理念、深化基础设施融资体制改革、拓宽基础设施融资渠道、创新基础设施融资体制机制、规避基础设施融资风险等方面的新要求。

（四）国内外基础设施融资经验及启示

1. 国外城市基础设施融资经验及启示。对西方主要发达国家（如美国、英国、日本等）基础设施融资模式进行分析，总结出西方发达国家的融资经验与做法，并得出四个方面的启示，即基础设施建设需要形成多元化的融资主体、基础设施建设需要拥有市场化的融资方式、基础设施建设需要建立发达的金融市场、基础设施建设需要建立完善的融资制度。

2. 国外农村基础设施融资经验与启示。介绍了美国、日本、韩国等国家的农村基础设施融资经验，指出国外农村基础设施融资创新对贵州的启示。

3. 我国基础设施融资创新的实践经验及政策启示。分析了我国一些省（市、区）的基础设施融资经验，如“以银行贷款为主、其他融资形式为辅”的甘肃融资模式；“渝富+八大投”的重庆融资模式；政府前期为主导、民间资本后期渗透的丽江市工业园区融资模式；以各级城投管理和政府性投资公司负责、以未来土地收益做抵押，向金融机构贷款的多元、灵活的天津融资模式等。我国各省市在实践基础设施融资方面的异同以及不足大致可包括以下几点：一是基础设施建设仍然以关系国计民生的项目为重点。二是基础设施融资创新模式具有内容相似性。三是基础设施融资存在地区发展不平衡不充分的矛盾。四是基础设施投融资体制还有待完善。五是利用资本市场融资的能力还有待提升。六是适合我国市场经济的投融资模式还有待探索。在此基础上，提出我国基础设施融资创新实践的政策对贵州内陆开放型经济试验区基础设施融资的启示，即积极探索具有贵州内陆开放型经济试验区特色的基础设施融资模式；鼓励融资方式多元化、市场化；逐步建立适应市场经济发展的金融市场；改革和完善基础设施投融资体制。

（五）贵州内陆开放型经济试验区基础设施融资的总体要求

1. 基本思路。以马克思列宁主义、毛泽东思想、邓小平理论、“三个代表”重要思想、科学发展观、习近平新时代中国特色社会主义思想为指导，全面贯彻党的十九大和十九届二中、三中、四中全会精神。本书提出以下基本思路：一是抓住贵州内陆开放型经济试验区建立的各种机遇，充分利用外来资金。二是构建新型基础设施融资体系，充分挖掘融资潜力。三是完善基础设施融资政策，优化区域融资环境。四是定位地方政府职能，形成多元化基础设施融资格局。

2. 主要目标。一是完善政府融资平台，推进基础设施融资平台改革。二是积极利用银行授信额度，支持贵州内陆开放型经济试验区重点基础设施项目建设。三是大力发展各类投资基金，引进股权投资。四是推进城乡金融综合改革，支持城乡经济一体化发展。五是制定政策引入社会资本投资基础设施，推进基础设施投融资的改革与发展。

3. 重点任务。贵州内陆开放型经济试验区基础设施建设的主要任务有：一是建设内陆投资贸易便利化试验区的基础设施。二是建设现代产业发展试验区的基础设施。三是建设内陆开放式扶贫试验区的基础设施。建设上述基础设施需要投入大量资金，贵州内陆开放型经济试验区基础设施融资的重点任务就是为上述“三位一体”的基础设施建设提供融资服务。

（六）贵州内陆开放型经济试验区基础设施融资的对策建议

1. 深化基础设施融资体制改革。提出具体的对策建议主要有：一是转变基础设施融资理念，以创新思想推动基础设施融资体制改革。二是明确政府职能定位，强化企业基础设施投资主体地位。三是完善基础设施投融资宏观调控体系，正确引导融资问题解决。四是积极创新利用外资方式，简化外资进入审批程序。五是优化法制环境，逐步完善基础设施融资服务体系。

2. 拓宽基础设施融资渠道。提出具体的对策建议主要有：一是强化基础设施融资平台建设。二是加大“引金入黔”的工作力度，积极利用银行授信额度。三是建立多层次资本市场，大力发展各类投资基金。

3. 创新基础设施融资体制机制。提出具体的对策建议主要有：一是创新制度安排，培育新型主体以建立多元化融资机制。二是提高直接融资占比，建立多渠道的基础设施直接融资机制。三是发挥比较优势，建立良好的吸引外资机制。四是稳步推进农村土地资源优化配置，有序推广“资源变资产、资金变股金、农民变股东”的“三变”经验和普定县秀水村“秀水五股”模式。

4. 规避基础设施融资风险。主要包括三方面内容：一是识别基础设施融资风险源。二是控制基础设施融资宏观层面风险举措。三是控制基础设施融资微观层面风险举措。

5. 创新农村基础设施融资模式。提出的具体对策建议主要有：一是强化政府财政资金投入的引导作用。二是加大金融机构的支持力度。三是增强村集体集资的效能。四是创新社会资本的投资渠道。五是增强农户自我筹资能力。

李 靖

2020 年 2 月 26 日

CONTENTS **目录**

第一章 CHAPTER ONE

绪 论

第一节　选题背景与研究意义

一、选题背景

2016 年 8 月 5 日，国务院以国函〔2016〕142 号文件复函贵州省人民政府、国家发展改革委，批复同意设立贵州内陆开放型经济试验区。党的十九大报告明确指出要“加强水利、铁路、公路、水运、航空、管道、电网、信息、物流等基础设施网络建设”①。诸多实践证明：当前我国投资结构正在不断优化。深化投融资体制改革，发挥投资对优化供给侧结构的关键性作用，提高直接融资比重，促进多层次资本市场健康发展是我国进一步推进社会主义现代化建设的重要举措②。在此背景下，选择合适的融资模式推进贵州内陆开放型经济试验区基础设施建设已成为当务之急。

改革开放以来，我国经济一路突飞猛进，不仅解决了十几亿人的温饱问题，而且人民的生活质量日渐改善，生活水平也不断提高。但由于种种原因，基础设施建设不平衡、不充分的现象依然存在。之所以会有差别，与各地区的地理位置以及区域生产要素分布等因素紧密相关。综合来看，当前经济发展状况与我国的改革开放政策推行息息相关。回顾历史，可以明显地发现改革开放政策促进了我国经济由点到线、由线到

① 郑明辉．深化多领域战略合作［N］．经济日报，2017-12-28.
② 顾阳．以高质量投资推动区域高质量发展［N］．经济日报，2018-09-24.

面，从南到北、从东到西逐步地深入开放。

改革开放是我国实行的一项长期基本国策，从沿海到内地，渐次展开、有序推进、逐步深入①。改革开放大体可分为三个阶段：第一阶段是沿海开放。沿海开放始于1980年，设立了四个经济特区，建立了长三角、珠三角和环渤海经济圈，开放了14个沿海大中港口城市。沿海开放对我国经济长期快速发展具有重要意义，提升了产业水平、奠定了下一步开放的基础。沿海开放依靠独特的区位优势和经济基础优势，充分利用国外先进的市场和资源，整合国内外两个市场，推动了国内产业发展水平的进步。第二阶段是沿边开放。1992年3月9日《国务院关于进一步对外开放黑河等四个边境城市的通知》的发布，标志着我国沿边开放政策的正式实施。黑龙江省黑河市、绥芬河市，吉林省珲春市和内蒙古满洲里市等四个城市被国务院批准为首批开放边境城市，随后国家又开放了广西的凭祥、河口，云南瑞丽，新疆的伊宁、塔城、博乐，内蒙古二连浩特等沿边市县。同时，沿海开放城市的优惠政策在南宁、昆明、乌鲁木齐、呼和浩特、长春、哈尔滨等市实行②。2010年，新疆喀什、霍尔果斯两个特殊经济区成为沿边开放的最高形式。沿边开放维护了边境稳定与国家安全，加快了我国对外开放的步伐，在推动“一带一路”建设、完善对外开放格局的过程中发挥了重大作用③。第三阶段是内陆开放。2012年9月，国务院正式批准设立宁夏为我国首个内陆开放型经济试验区，这是推进我国全方位开放、内陆地区参与世

---

① 韩震．改革开放的历史变迁与理论变革［J］．中国社会科学，2018（11）：104-113.

② 黄志勇．中国沿边开放新阶段新特征及广西沿边开放新站位［J］．东南亚纵横，2015（01）：63-71.

③ 陶一桃．从沿海开放到沿边开放——开放拓展战略的意义及喀什经济特区发展应该注意的几个问题［J］．深圳大学学报（人文社会科学版），2013（01）：88-93.

界经济活动的重大战略举措，为加快建设内陆开放高地打下了坚实的基础。综合来看，近年来，中国经济的开放重心在逐渐向内陆移动，发展内陆开放型经济势如破竹。与此同时，中西部地区的发展明显快于东部沿海，内地诸多地区均发展迅速，像成都、重庆和武汉，2017 年月入过万自主申报个税的人数都突破了 20 万人，且增速惊人，这在一定程度上反映了中国内陆经济的快速发展态势①。从目前来看，与沿海地区相比，内陆地区有着更广阔的发展空间。值此之际，2016 年 8 月 5 日，国务院同意批复关于设立贵州内陆开放型经济试验区的决定，贵州成为第二个内陆开放型经济试验区②。

以贵州内陆开放型经济试验区作为本书的研究对象有特殊的意义。贵州作为西部地区“一带”与“一路”有机衔接的战略节点与西南地区南下出海的交通枢纽，可便捷参与中南半岛经济走廊、中印缅孟经济走廊等建设；经川渝连接亚欧大陆桥，还可积极参与中蒙俄经济走廊、新亚欧大陆桥及中国—中亚—西亚经济走廊建设③。就对贵州内陆开放型经济试验区的认识而言，首先，必须清晰地认识对外开放格局的内涵——以经济特区为窗口、以沿海城市为支点、以沿海经济开放区为平台、以沿江沿边开放城市和口岸为两翼、以内陆开放区为后劲④。其次，要想发展内陆开放型经济，应坚持推进贸易便利化、深化融资体制

---

① 宁南山．从 2017 年中国月入过万人数暴增说起［EB/OL］．（2017-09-1）［2018-08-09］．http：//www. sohu. com/a/191276757_ 159579.

② 中华人民共和国中央人民政府．国务院关于同意设立贵州内陆开放型经济试验区的批复［EB/OL］．（2016-08-05）［2018-08-09］．http：//www. gov. cn/zhengce/content/2016-08/15/content_5099596. htm.

③ 秦占奎．贵州依托区位条件拓展“一带一路”开放空间［N］．贵州日报，2019-03-04.

④ 李晓丽．宁夏内陆开放型经济试验区可持续发展对策研究［D］．银川：宁夏大学，2016.

机制改革、培育贸易竞争新优势和拓展经贸合作新领域。其中，贸易便利化是关键，是深化融资体制机制改革、培育贸易竞争新优势和拓展经贸合作新领域的“地基”，是沟通贵州内陆开放型经济试验区内部与外部发展之间的“桥梁”。从贵州内陆开放型经济试验区的发展来看，基础设施的建设与完善尤为重要，其作用主要体现在以下几个方面：一是区域经济活动正常运行的基础。二是现代化经济模式推行的重要动力。三是进行经济布局的前提。四是经济长期稳定增长的重要保障①。总的来说，基础设施的建设与完善是区域经济持续、稳定与协调发展的重要支撑和先决条件，具有基础性和战略性。大力加强基础设施建设、加快构建现代综合立体交通运输体系、创新发展基础设施对外开放平台，是发展贵州内陆开放型经济的硬件支撑。

马斯洛需求层次理论揭示了人类需求的不同层次，即在低层次需求获得满足后，高层次需求才会被激发。从区域经济的发展来看，亦是在区域的需求变更的基础上进行的。社会通过政治体系对区域的需求做出回应，从最初的人身安全保障到衣食住行，再继续拓展至更健康、更便捷的高质量生活追求。随着区域经济的发展，人们的需求越来越复杂，政府需要及时地给出更多选择来满足这种需求。基础设施的建设也是如此，随着社会的进步，区域的发展已经不再是一条狭窄街道和单个水资源系统能解决的问题。基础设施基本上都是投资额度大、建设周期长、收益见效慢的公益性或准公益性项目，政府的财政资金投入是项目资金的主要来源。但随着物质生活水平的提高和经济的快速增长，区域经济

① 张玲．城市基础设施建设与区域经济发展研究［D］．大连：东北财经大学，2006.

的发展对基础设施建设的要求也越来越高，单一的财政资金投入无法满足更高要求基础设施建设的资金需求。作为一种社会先行资本，基础设施建设是经济增长的重要前提条件，对经济增长存在外部溢出效应或正外部性①。所以，吸引更多的投资主体参与到基础设施建设项目中来，不断拓宽基础设施项目的融资渠道成为当前区域经济发展的新要求。基于此，本书以贵州内陆开放型经济试验区基础设施融资问题为研究对象。

当前，伴随着科学技术的进步，区域经济一体化作为当前经济发展的主题，国家、地区之间的人文交流与贸易往来日益频繁。随之衍生的全球化经济也是当前各国、各地区发展的主要方向，在这种趋势下，发展开放型经济已成为各国、各地区的主流选择。为了顺应世界经济一体化发展趋势，紧跟经济发展步伐、把握发展机遇、保证经济平稳发展，中国发展开放型经济势在必行。2015 年 9 月，中共中央、国务院印发《中共中央国务院关于构建开放型经济新体制的若干意见》以回应当前的经济发展局势②。

具体来看，改革开放 40 余年以来，我国经济发展成绩斐然，不断优化的产业结构，不断提高的生产效率，日益改善的人民生活水平，使得我国在国际上的地位逐步得到认可。中国与其他国家（地区）的贸易往来日益频繁，对外经济贸易不断提高，经济收入不断增长，国内消费不断增加。在充分利用全球市场和资源的条件下，沿海城市大多数得

---

① 范欣，宋冬林，赵新宇．基础设施建设打破了国内市场分割吗？［J］．经济研究，2017（02）：20-34.

② 新华社．中共中央 国务院关于构建开放型经济新体制的若干意见［EB/OL］．（2015-09-17）［2018-08-09］．http：//www.xinhuanet.com/politics/2015-09/17/c_ 1116598050.htm.

以发展，经济水平明显提高①，但是，大多西部内陆地区却由于缺乏资源与市场的有效衔接，发展相对落后。由此，“西部大开发”战略应运而生。“西部大开发”战略的启动，使得内陆地区趁势而为，搭上这趟经济快车，开始了由点到面、由内而外、由浅入深的内陆开放型经济发展。西部大开发以来，贵州对外的开放程度逐年提高，开放力度不断加大。从2001—2012年来看，贵州的实际利用外资额和出口贸易总额呈快速增长趋势。贵州引入外资额从48.53亿元提高到3857亿元，年均增速48.9%，净增53倍；对外经济合作营业额年均增速高于同期全国增速，达到了13.77%，省外资金依存度由9.09%升至49.93%②。在此期间，尽管贵州的开放程度相比其他省份来说还有待提高，但贵州面向国内市场开放的力度和水平不断扩大和提高的事实毋庸置疑。贵州借梯登高、借船出海，实施了弯道取直、后发赶超的战略，力争构筑开放发展新高地。2015年2月中旬，国务院总理李克强对贵州进行考察调研，期间指出贵州有希望在对外开放经济发展进程中进入中西部地区发展前列。随后，2015年3月初，贵州对商务部表达了贵州欲设立国家内陆开放型经济示范区的殷切期望，并在当年7月24日下午，举行了贵州省第十二届人民政府第63次常务会议，在会议上审议了《贵州内陆开放型经济示范区总体方案》，原则上同意该方案上报。当年8月，贵州省政府正式向国务院上报了《贵州内陆开放型经济示范区总体方案》，申请“内陆开放型经济试验区”的建设。2016年8月5日，国务院批

---

① 裴长洪．中国特色开放型经济理论研究纲要［J］．经济研究，2016（04）：14-29，46.

② 范鹏辉，张威，顾学明．贵州内陆开放型经济建设新思考［J］．中国外资，2013（21）：58-61.

复了关于同意设立贵州内陆开放型经济试验区的决定，贵州正式成为继宁夏之后第二个内陆开放型经济试验区。贵州作为内陆省份，需要通过加大开放力度推动区域经济发展、实现后发赶超。内陆开放型经济试验区的设立，为贵州进一步扩大开放提供了重要机遇。内陆开放型经济试验区的政策优势有利于贵州营造更优越的发展环境，引进更多的人才、资金和企业。

基础设施具有先行性与基础性，对经济增长的贡献至关重要①。当前贵州作为内陆开放型经济试验区，对外开放力度不断加大，引入外资的数量也在逐渐增加，但基础设施相对比较薄弱。基础设施的短缺是制约国民经济发展最严重的“瓶颈”之一，短缺会再生短缺，从而强化短缺强度②。因此，当前贵州基础设施发展的关键在于务必搭建基础设施对外开放新平台。搭建基础设施对外开放新平台对于贵州金融业来说是一个机遇，因为这些基础设施的建设需要融资，产能发展也需要股权投资等多种形式的融资，贵州的经济发展离不开基础设施的支撑，经济变好，贵州的金融业就有了更多的发展机会。从当前贵州发展的情况来看，其交通、水利、能源、信息等基础设施建设滞后，历史欠账较多，融资渠道不畅等问题仍然比较突出，基础设施建设滞后成了发展的瓶颈。因此，加快补齐基础设施短板的任务十分艰巨，贵州省委、省政府将结合当前贵州省情，着力于为基础设施融资构建对外开放新平台。

① 杨志勇，张馨．公共经济学［M］．北京：清华大学出版社，2013.

② 林后春．农业基础设施的供给与需求［J］．中国社会科学，1995（04）：54-64.

二、研究意义

对贵州内陆开放型经济试验区基础设施融资问题进行理论研究和实证分析，总结贵州内陆开放型经济试验区基础设施融资取得的主要成效、存在的主要问题；研判国家基础设施融资政策取向以及贵州内陆开放型经济试验区基础设施融资面临的新形势、新要求；借鉴国内外经验做法，研究提出贵州内陆开放型经济试验区基础设施融资的基本思路、主要目标、重点任务，以及深化基础设施融资体制改革、拓宽基础设施融资渠道、创新基础设施融资体制机制、规避基础设施融资风险和创新农村基础设施融资模式的对策建议，对缓解贵州内陆开放型经济试验区基础设施的融资困境具有一定的理论意义与实际意义。

（一）理论意义

贵州地处于我国西南腹地，不沿江、不沿海、不沿边，山多地少，生产生活的自然条件恶劣，但拥有得天独厚的秀丽山川和丰富多彩的风情文化，拥有大量的水能、磷矿、铝矿等多种重要矿产资源，是我国大西南的交通枢纽。因此，推动贵州建设内陆开放新高地，研究贵州内陆开放型经济试验区基础设施融资问题这一课题具有一定的理论意义。具体来说，本书的理论意义主要体现在以下几个方面：

1. 有利于融资理论研究纵向拓展

目前，国内的很多金融学、投资学专家对我国的融资问题进行了长期深入且系统的研究。但是，目前国内相关文献主要是就我国整体层面的基础设施融资问题进行的探讨，深入地区层面进行的研究较少。从这个角度来看，对贵州内陆开放型经济试验区基础设施融资问题进行研究是对国内金融学、投资学专家研究方向的纵向拓展，对完善我国基础设施融资理论的研究体系有一定的理论意义。

2. 有利于强化融资体制改革顶层设计

本书拟在广泛调研的基础上开展课题研究，提出贵州内陆开放型经济试验区基础设施融资的基本思路、主要目标、重点任务与对策建议，对强化贵州内陆开放型经济试验区基础设施融资体制改革顶层设计有一定的理论借鉴意义。

3. 体现跨学科、交叉学科特色

本书依据金融学理论、融资理论以及企业管理理论，运用经济学、管理学以及其他相关学科的基本原理来研究贵州内陆开放型经济试验区基础设施融资问题。研究涉及金融学、投资学、法学、制度经济学以及社会学等学科，是一个跨学科的前沿性、创新性选题，开展对此项目的深入研究，对于贵州省内高等院校与科研院所丰富与发展这些学科的研究内容及学科体系等，都具有一定的学科建设意义。

（二）实际意义

随着改革开放的进一步深化，沿海地区高速发展面临一些挑战。贵州作为开放型经济试验区，国家可以通过贵州来加大内陆地区对外开放力度，同时推进西南内陆地区的对外开放战略，为解决全国经济发展不均衡问题做出贡献，对缓解贵州内陆开放型经济试验区基础设施融资困境具有一定的应用价值。具体来说，本书的实际意义主要体现在以下几个方面：

1. 有利于创新融资理念

贵州内陆开放型经济试验区基础设施建设资金需求巨大，如何筹措资金，就成为亟须解决的关键性问题。这个过程并不是简单的资金投入，而是融资理念创新的过程。要打破一些既有的模式，改变“路径依赖”，围绕贵州内陆开放型经济试验区基础设施建设的主基调和主战略，创新融资理念，大力提升融资服务水平，为贵州内陆开放型经济试验区基础设施建设提供强有力的金融支撑。基于此，本书的研究有利于基础设施融资理念的创新。

2. 有利于创新融资体制

为了有效加快贵州内陆开放型经济试验区基础设施的建设，必须对当前的基础设施融资体制机制以及融资模式进行适当的改革和创新，使其符合贵州内陆开放型经济试验区基础设施建设的需求，也符合市场经济运行的规律。这就要求贵州内陆开放型经济试验区要从政府投入体系、社会资金进入以及其他有关体系建立方面加强基础设施融资体制机制以及融资模式的创新，政府应破除行政垄断，逐步放开基础设施融资领域，为不同市场主体创造同等规则下充分竞争的外部环境，从而促进贵州内陆开放型经济试验区的又好又快发展①。基于此，在解决融资问题的过程中，就融资体制改革必定会提出创新性建议。

3. 有利于促进理论成果的转化

基础设施融资的创新理论植根于实践、服务于实践。贵州内陆开放型经济试验区基础设施融资理论只有运用到基础设施建设的实践中，才

① 林巧娟．水利工程创新水利融资体制与运行机制研究［J］．珠江水运，2018（13）：102-103.

能高度凝聚和充分发挥各个融资主体的力量，为推动贵州内陆开放型经济试验区基础设施建设提供不竭动力①。本书研究立足于贵州内陆开放型经济试验区基础设施建设的实践来研究融资问题，如研究成果能运用到实践工作中，将能有效缓解贵州内陆开放型经济试验区基础设施建设的资金供需矛盾。

第二节 国内外文献综述

基础设施作为一个系统的经济学概念，具有根本性和公共性，是一个国家或地区赖以生存和发展的物质经济基础，是社会以及人民群众生存和发展的一般物质条件②。基础设施作为社会经济发展的基石，其建设的完善程度深刻地影响着地区经济发展水平。基础设施是一种社会先行资本，其优先发展是实现“经济起飞”的重要前提条件③。综合来看，基础设施建设在国家或地区经济发展中发挥着举足轻重的作用。资金是基础设施建设的前提支撑，基础设施建设的逐步完善离不开大额资金的供给④。基础设施融资作为由特定的融资主体针对公共设施及配套服务体系建设且以促进地区经济发展为目的而采取的筹集资金的手段，

---

① 廖志坤．实现理论成果的“三个转化”[N]．光明日报，2013-09-15（007）．

② 李建华．我国城市基础设施投融资研究文献综述 [J]．技术经济与管理研究，2015（09）：114-117.

③ 张学良．中国交通基础设施促进了区域经济增长吗——兼论交通基础设施的空间溢出效应 [J]．中国社会科学，2012（03）：60-77，206.

④ 荆林波，马源，冯永晟，等．ICT 基础设施：投资方式与最优政策工具 [J]．经济研究，2013（05）：47-60.

对地区基础设施的完善、经济发展水平的提高发挥着举足轻重的作用。由于区域经济发展不平衡、不充分的特点，加之基础设施建设资金需求额度大、周期长、回报慢的特性，使得在区域基础设施建设过程中，融资作用的发挥尤为重要。近年来，国内外学者就基础设施融资的相关问题进行了大量研究，并取得了显著成果。

一、国外研究综述

随着全球经济一体化的不断推进，各国政府都在大力进行基础设施建设，如何进行合理的融资，已经成为各国政府以及经济界所关注的一个重点。具体来看，国外相关学者主要是围绕基础设施融资主体、基础设施融资渠道、基础设施融资方式、基础设施融资模式创新等方面对基础设施融资问题展开研究。

（一）有关基础设施融资主体的研究

亚当·斯密（1776）在其《国富论》一书中指出政府的基本职能之一是建设并维持某些公共事业及某些公共设施①。政府应该是公共设施项目的主要投资者。萨伊（1803）在《政治经济学概论》一书中指出，政府的支出应用于修建铁路、桥梁、运河等有效用的公共建筑②。庇古（1932）以灯塔为例，指出私人建造灯塔的收益要远远低于社会的收益，所以由政府出面、投资建设灯塔是必要的③。科斯（1974）在《经济学上的灯塔》中以灯塔为例，指出在一定条件下，公共物品具备

---

① 亚当·斯密．国富论［M］．郭大力，王亚南，译．北京：商务印书馆，2015.
② 让·巴蒂斯特·萨伊．政治经济学概论［M］．赵康英，等，译．北京：华夏出版社，2014.
③ 阿瑟·塞西尔·庇古．福利经济学［M］．金镝，译．北京：华夏出版社，2013.

一定的排他性，那么公共物品也是可以由私人提供的①。凯恩斯认为在私人投资不足时，为避免以生产过剩为特征的经济危机加重，政府应当将基础设施等公共工程的投资作为刺激私人投资、增加社会就业等宏观经济调控的手段②。同时，部分专家就城市基础设施投资过程中应将市场、商业化原则、私人部门等因素引入的问题达成共识，在一定程度上拓宽了基础设施投资研究领域③。Carranza et al.（2014）认为财政投资基础设施有利于缩小与他国基础设施之间的差距④。

（二）有关基础设施融资渠道的研究

艾伯特·赫希曼（1953）在《经济发展战略》一书中提出“不平衡增长理论”，认为投资发展基础设施要实行国家干预和经济计划，在此基础上更加强调市场机制对融资的调节作用⑤。Benveniste & Berger（1987）认为资产证券化为金融机构和非金融机构提供了一种出售大量固定收益资产组合的机会，使融资主体可以获得比直接借款成本更低的融资，改善风险分配，增加计划融资⑥。De Mello（2000）认为基础设施建设分为不可收费项目和可收费项目，二者有不同的基础设施投融资主体和渠道。不可收费项目的基础设施融资来源有税收、借款和公债

① Coase R. H. The Lighthouse in Economics [J]. *Journal of Law & Economics*, 1974, 17 (2): 357-376.

② 凯恩斯．就业、利息和货币通论［M］．徐毓枬，译．北京：中国商务出版社，1983.

③ 潘胜强．城市基础设施建设投融资管理及其绩效评价［D］．长沙：湖南大学，2007.

④ Carranza L., Daude C, Melguizo A. Public Infrastructure Investment and Fiscal Sustainability in Latin America: incompatible goals? [J]. *Journal of Economic Studies*, 2014, 41 (1): 29-50.

⑤ 艾伯特·赫希曼．经济发展战略［M］．曹征海，潘照东，译．北京：经济科学出版社，1991.

⑥ L. M. Benveniste, A. N. Berger. Securitization with Recourese: an Instrument That Offers Uninsured Bank Depositors Sequential Claims [J]. *Journal of Banking & Finance*, 1987, 11 (3): 403-424.

等；可收费项目的基础设施融资来源有企业留存收益、借款、公债、股东和税收等①。Roy Bahl（2001）认为基础设施的服务特性决定了其融资渠道的选择，不同类型和不同性质的基础设施有不同的融资方式②。Mats Anderson（2003）等认为城市基础设施融资渠道包括租金、用户收费、市政债券、以银行为渠道的借贷、财产税的征收、政府间支付转移与政府间转移支付等，并且逐渐扩大市政债券等融资渠道③。

（三）有关基础设施融资方式的研究

Gurley 和 Shaw（1960）认为，根据融资过程中有无金融机构的介入，融资方式可划分为直接融资和间接融资；根据筹集资本的方式不同，可划分为内源融资和外源融资④。Myers & Majluf（1984）提出了优序融资理论，认为企业融资的先后顺序为内源融资、债务融资和股权融资。企业所需的资金首先依赖于内源资金，在内源资金不足需要外部资金注入时，由于外部股权融资成本太高，只是作为一种融资渠道的补充来源形式存在，因此，债务融资将成为次优的选择。在信息不对称的情况下，企业筹集资金时应该尽量避免利用外部股权融资或其他风险融资方式⑤。Lam（1999）认为，需要制定适当的风险管理战略，来管理基

---

① De Mello，L. Fiscal Decentralization and Intergovernmental Fiscal Relations：A Cross-Country Analysis［J］. *World Development*，2000，28（02）：365-380.

② 李辉，郭继秋，姚雪．基础设施融资理论文献评析［J］．情报科学，2010（05）：768-770，775.

③ 彭羽．内蒙古小城镇基础设施建设投融资管理体制研究［D］．北京：中央财经大学，2017.

④ 约翰·G. 格利，爱德华·S. 肖．金融理论中的货币［M］．贝多广，译．上海：上海人民出版社，2006.

⑤ Myers S C，Majluf N S. Corporate Financing and Investment Decisions When Firms Have Information that Investors Do Not Have［J］. *Journal of Financial Economics*，1984，13（2）：187-221.

础设施投资项目公募资助和私有化带来的项目延误、成本超支等风险①。Frank J. Fabozzi（2006）认为市政债券融资要考虑投资者、市政债券的类型、特点、收益、信用风险与税收等因素②。Allen Consulting Group（2009）将融资方式划分为政府借贷、一般税、用户收费、建设税和结构融资5类，并把公平与效率作为基础设施市场化融资方式的评价标准，注重融资方式对投资者——股东以及不确定性、管理成本及透明性的影响③。

（四）有关基础设施融资模式创新的研究

20世纪80年代以来，经济学家将市场、竞争、商业化原则等因素引入基础设施研究后，市场机制的作用逐渐被人们重视，基础设施融资领域逐渐拓宽，如BOT项目融资模式、PPP项目融资模式。1984年，土耳其总理厄扎尔于正式提出BOT模式的概念④。在我国，BOT（Build-Operate-Transfer）模式被称为“特许权融资方式”，即“建设—经营—转让”。BOT具有民营化、全额投资、特许期和垄断经营等特点⑤。Hart（2003）指出，PPP（Public-Private Partnership）模式最主要的特征就是把基础设施的建造阶段和运营

① Patrick T. I. Lam. A Sectoral Review of Risks Associated with Major Infrastructure Projects [J]. *International Journal of Project Management*, 1999, 17 (2): 77-87.

② Frank J. Fabozzi, Bond Markets. Analysis and Strategies [M]. Peking: Peking University Press, 2006.

③ 李辉，郭继秋，姚雪．基础设施融资理论文献评析［J］．情报科学，2010（05）：768-770.

④ 林忠．BOT投资方式法律问题研究［J］．国际经济合作，1995（03）：51-53.

⑤ 郭凤平，齐二石，刘晓峰．城市基础设施建设项目融资的BOT模式［J］．天津大学学报（社会科学版），2006（01）：54-58.

阶段都交给同一个承包商，将基础设施的建造和运营捆绑在一起①。Sohail 等（2005）认为 PPP 项目在实际运作中，由各参与方共同承担责任和风险，PPP 项目的合作各方均可以取得比单独进行基础设施建设更为有利的结果，从而使 PPP 模式实现各参与方“双赢”或“多赢”的局面②。Henjewele 等（2014）采用问卷调查和访谈法进行分析发现，PPP 在项目的开发和早期使用过程中，存在相当大的成本和时间超支，在成本超支方面，卫生部门劣于交通部门；在时间超支方面，卫生部门优于交通部门③。

通过上述梳理，我们可以清晰地发现基础设施项目融资离不开政府作用的发挥，政府在其中扮演着不可取代的角色，国家的经济发展和政治建设同样离不开基础设施项目的建设与完善。随着公共经济学的发展，部分国外学者把基础设施投资效率低归因于市场失灵和政治家偏见等。与此同时，对于基础设施融资建设提出了市场化运营，其中包含运用 PPP 模式、基础设施项目服务外包以及政府特许的授权等多种形式进行基础设施投融资。国外学者对于基础设施投融资问题的研究积累了丰富的理论成果，为基础设施投融资问题的解决提供了有价值的经验借鉴。

---

① Hart O. Incomplete Contracts and Public Ownership: Remarks and an Application to Public-Private Partnerships [J]. *The Economics Journal*, 2003, 113 (486): 69-76.

② Sohail M, Cavill S, Cotton A P. Sustainable Operation and Maintenance of Urban Infrastructure: Myth or Reality? [J]. *Journal of Urban Planning and Development*, 2005, 131 (1): 39-49.

③ Henjewele C, Sun M, Fewings P. Comparative Performance of Healthcare and Transport PFI Projects: Empirical Study on the Influence of Key Factors [J]. *International Journal of Project Management*, 2014, 32 (1): 77-87.

二、国内研究综述

20 世纪 80 年代以前，国内对基础设施研究重视不够，学者的研究既不深入，也不系统，80 年代以后对基础设施问题的研究得到了快速发展，重视程度也大大提高①。如钱家骏、毛立本（1981）最先提出"基础结构"（Infrastructure）概念，即狭义上的基础设施②。随着中国经济的进一步发展，基础设施建设与经济发展之间的关系在学术界逐步达成了共识。通过归纳整理文献资料，可以发现国内对基础设施融资问题的研究，主要围绕基础设施融资主体、融资渠道、融资方式、融资模式创新等方面展开。

（一）有关基础设施融资主体的研究

潘胜强（2007）针对"政府在基础设施建设中应如何发挥作用"这一问题，对比了项目融资、债权融资等融资模式，提出政府只需要做好协调辅助工作，不应该过度干预，应该积极引入民间资本③。张强、洪科、李远航（2010）认为基础设施建设有庞大的资金需求，仅靠政府财政投入远远不能满足发展要求，创新投融资体制、拓宽融资渠道，进行多元化融资、市场化融资是必然选择④。邹慧宁（2011）认为市场

---

① 李建华．我国城市基础设施投融资研究文献综述［J］．技术经济与管理研究，2015（09）：114-117.

② 钱家骏，毛立本．要重视国民经济基础结构的研究和改善［J］．经济管理，1981（03）：12-15.

③ 潘胜强．城市基础设施建设投融资管理及其绩效评价［D］．长沙：湖南大学，2007.

④ 张强，洪科，李远航．湖南省基础设施投融资体制创新研究［J］．经济地理，2010（08）：1283-1287.

竞争机制能促进城市基础设施融资主体多元化①。陈雨露（2013）提出基础设施融资应充分发挥政策性金融机构的导向作用、商业性金融机构的支持作用②。胡海峰、陈世金（2014）认为基础设施融资应以公私合营为突破口，以政府投入为种子，鼓励民间资本和金融机构等市场化资金进入基础设施领域③。

（二）有关基础设施融资渠道的研究

桂世镛（1994）研究认为，改革开放以来，单一的财政资金投资格局已不复存在，直接融资和间接融资活动成为融资活动的重要组成部分④。贾康等（2002）认为，应创新发展地方政府融资平台以加快地方基础设施建设和经济发展⑤。刘孝敏（2012）指出，财政拨款、发行基建债券、银行贷款、BOT、自我积累是我国城市基础设施建设现有的重要融资渠道⑥。杨朝华等（2016）认为，基础设施建设资金主要有财政资金渠道、间接融资渠道和直接融资渠道⑦。

（三）有关基础设施融资方式的研究

改革开放以来，基础设施对经济增长的促进作用吸引了我国不少学

---

① 邹慧宁．城市基础设施建设投融资模式创新研究［D］．武汉：武汉理工大学，2011.

② 陈雨露．中国新型城镇化建设中的金融支持［J］．经济研究，2013（02）：10-12.

③ 胡海峰，陈世金．创新融资模式 化解新型城镇化融资困境［J］．经济学动态，2014（07）：57-69.

④ 桂世镛．中国的投融资体制改革［J］．中国工业经济研究，1994（06）：7-11，6.

⑤ 贾康，李炜光，刘军民．关于发展中国地方政府公债融资的研究［J］．经济社会体制比较，2002（05）：38-45.

⑥ 刘孝敏．我国城市基础设施投融资结构优化分析［J］．中国乡镇企业会计，2012（04）：67-68.

⑦ 杨朝华，彭江，赵卫敏，等．创新新疆基础设施投融资机制的发展思路研究［J］．金融发展评论，2016（06）：89-100.

者开始研究基础设施的融资方式。在借鉴国外经验的基础上，探索符合我国国情的基础设施融资模式，为我国基础设施建设的融资方式选择提供了理论基础。2000 年国家宏观经济研究组提出，为了加快基础设施建设，不应使得基础设施领域中有过多的债务筹资。杨子菲（2003）指出，三峡工程筹资几乎采用了当前我国资本市场上的所有手段，如建立专项基金、发行企业债券、各类贷款等①。岳宇君、胡汉辉（2017）认为，基础设施融资的较优路径即发挥政府资本与私营资本的合力，例如，采用 TOT（转让—经营—转让）、BOT（建设—经营—转让）、BBO（购买—建设—经营）等基础设施融资方式②。

（四）关于基础设施融资模式创新的研究

刘家伟（2006）认为，借鉴城市基础设施建设的一些做法，建立市场化和多样化的农村基础设施投融资模式应是大势所趋③。孙荣霞、王松江（2009）指出，公共基础设施 BOT、TOT、PPP 项目投资大，运行周期长，在运行过程中，不断发生变化的项目内外环境容易导致项目的失败。基于此，建议通过构建公共基础设施 BOT、TOT、PPP 项目环境影响评价模型，对项目环境影响进行评价以避免危机，使公共基础设施项目能够顺利实施下去④。张桂玲（2014）在分析将 PPP 模式应用于农村基础设施建设重要性的基础上，从公共

① 王超，程继明．三峡工程开创“资本治水”时代［J］．投资与合作，2003（08）：16-18.

② 岳宇君，胡汉辉．国外城市 ICT 基础设施投融资机制及其对我国的启示［J］．经济问题探索，2017（01）：38-43.

③ 刘家伟．我国农村基础设施投融资模式研究［J］．中央财经大学学报，2006（05）：52-56.

④ 孙荣霞，王松江．公共基础设施 BOT/TOT/PPP 项目环境影响评价［J］．生产力研究，2009（23）：83-86.

部门与私人部门两个方面分别提出了应用 PPP 模式的初级目标与高级目标，重点构建了包括项目可行性研究、组建 PPP 项目公司、项目建设与运营、项目移交等应用流程，并介绍了在此过程中各参与方的职责，最后从完善法律法规、激励机制的建立等方面提出了推进 PPP 模式在农村基础设施建设中应用的建议①。乐云、徐进英、白居（2016）通过研究发现，政府的政策制度和决策水平与市场投资意愿之间存在反馈作用，且它们与市场投资能力、重大基础设施投资收益和风险等因素共同影响投融资模式的演进，演进路径的决定性因素是制度变迁路径的选择。他们认为 30 余年来，我国通过制度创新促进了基础设施融资模式的转型②。

综上所述，目前国内文献主要是就我国整体的基础设施融资问题进行探讨，关于地区层面的相关研究有待进一步深化。在我国不平衡的基础设施融资格局中，贵州是其中的“欠发达”地区，贵州内陆开放型经济试验区基础设施融资无论是在融资主体、融资渠道、融资方式，还是市场创新上都远远落后于东部地区。同时，贵州又有着与东部地区不同的自然环境、经济环境和社会习俗。因此，贵州内陆开放型经济试验区的基础设施建设不能完全照搬其他地区的融资模式与方案，而应有适合自己的融资模式与方案。这亦是本书的立论基础与意义所在。

---

① 张桂玲 . PPP 模式在农村基础设施建设中的应用研究［J］. 中国农业会计，2014（08）：8-9.

② 乐云，徐进英，白居 . 制度变迁视角下重大基础设施投融资模式演进［J］. 同济大学学报（自然科学版），2016（08）：1272-1279.

第三节 相关概念界定与理论基础

一、相关概念界定

（一）内陆开放型经济试验区

开放型经济是一国或地区的一种经济发展模式，是一种更高层次的开放。与封闭型经济不同，开放型经济既不是简单开放与被动接受，也不同于外向型经济。在开放型经济下，鼓励出口，生产要素、商品与服务可以自由地跨国界流动，以促进外部经济发展为主。开放型经济强调尽可能发挥本国经济的比较优势，充分地参与国际分工，利用国内和国际两个市场、两种资源来发展本国或本地区的经济，把国内经济和全球市场联系起来①。开放型经济是当前全球经济发展的重要特征。在中国，“开放型经济”的表述最早见于《中共中央关于建立社会主义市场经济体制若干问题的决定》的文件，该文件强调通过开放型经济加强国际经济交流合作。党的十五大报告提出，完善全方位、多层次、宽领域的对外开放格局，发展开放型经济②。

基于上述开放型经济定义更深层次的一种发展，内陆开放型经济概念针对某个国家内陆地区特殊的地理区位上开放型经济的发展而提

① 施建军，夏传信，赵青霞，等．中国开放型经济面临的挑战与创新［J］．管理世界，2018（12）：13-18.

② 张宇燕．中国对外开放的理念、进程与逻辑［J］．中国社会科学，2018（11）：30-41.

出①。一般来说，内陆开放型经济，是指地处一国内陆地区，在国内市场经济的发展中，通过地区比较优势参与经济交流合作，完善政策、交通、物流、贸易通道和互联网信息通道等基础设施的建设，主动吸引国内外经济要素的流通，加强地区交流合作，推动地区经济发展的策略②。内陆开放型经济不仅具有内陆经济的特点，还具有开放型经济的内涵。内陆开放型经济试验区是指具有内陆地区发展特点、国家批准设立的覆盖省级全域全业试验区的开放型经济区域。其特点在于内陆地区的区位差异，同时内陆开放型经济试验区与外向型经济相比更具有全面协调可持续性，强调区域经济贸易产品的质量和科技含量，用于提升区域创新能力和完善对外开放的整体功能。

（二）基础设施

"基础设施"一词来源于拉丁文，是建筑物底层结构的意思，从本质属性上来说，基础设施属于公共产品。基础设施最早被定义为对社会生产有提高作用的经济项目，主要出现在军事领域里对于战争竞争力的研究。基础设施研究最早出现于国外，1943 年罗森斯坦·罗丹在《东欧和东南欧国家工业化发展的若干问题》中提出了把投资领域的重点放在社会基础设施的建设上，将基础设施引入社会经济的建设中③。世界银行把基础设施定义为永久性的成套工程构建、设备、设施和它们所

---

① 闫朝阳．贵州内陆开放型经济发展路径研究［D］．贵阳：贵州财经大学，2018.

② 杨睿．宁夏建设内陆开放型经济试验区探析［D］．银川：宁夏大学，2017.

③ 惠恩才，赵军蕊．我国农村基础设施建设项目融资模式研究［J］．长春大学学报，2014（05）：585-591.

提供的为所有企业生产、居民生活共同需要的服务①。

我国对基础设施的研究始于20世纪80年代，学者钱家骏、毛立本最早将基础设施的概念引入中国经济理论，当时基础设施建设被称为基础结构。并且他们认为基础部门是向社会提供基础服务的部门，狭义上是指生产有形产品的部门，如交通运输、电信通信、水利等部门，广义上则包括了无形产品的部门，如教育和卫生医疗部门等②。也有专家认为基础设施是为国民经济正常运转提供公共服务（Public Service）并保证社会扩大再生产得以顺利进行的各种物质技术条件的总和③。

通过对当前文献的查阅发现，“基础设施”这一概念在经济学文献中使用比较频繁。通过对文献的整理，我们发现当前基础设施的概念大致上可以分为广义和狭义两种理解。狭义大致是指能直接促进生产技术提高的手段，主要有水利、电力以及道路等一些基本的经济性设施。广义除了包括直接提升生产作用的技术手段，还包括为推动经济长远发展，间接为社会提供服务的设施，大致有教育文化、医疗设备和社会福利等。当前，随着社会的不断发展，人们对基础设施含义的认识也在不断地加深，基础设施所涵盖的内容呈现出扩大的趋势。由此可知，对基础设施含义的理解具有相对性，其含义随着社会的发展而发展，并不是一成不变的④。

我们认为，基础设施是指为社会生产和居民生活提供公共服务的公

---

① 王升，吴群琪．基础设施建设的社会效用［J］．长安大学学报（社会科学版），2007（01）：42-46.

② 余池明．城市基础设施投融资［M］．北京：中国计划出版社，2004：16.

③ 陈文科，林后春．农业基础设施与可持续发展［J］．中国农村观察，2000（01）：9-21.

④ 陈越峰．关键信息基础设施保护的合作治理［J］．法学研究，2018（06）：175-193.

共物品，是社会赖以生存发展的一般物质条件，主要作用于相关产业，促进经济发展，能够促进国家或地区社会经济活动正常进行，具备生产性、公用性和公益性、自然垄断性、成本沉淀性和超前性的特点①。按照地域可以分为农村基础设施和城市基础设施，按照服务性质可以分为生产基础设施、社会基础设施和制度保障机构。

（三）农村基础设施

1. 农村基础设施的概念

农村基础设施属于基础设施中的一个子系统，是指能为农村农民的生产生活以及农村经济发展提供服务的各种设施的总和。需要指出的是，农村基础设施与农村公共产品有不同之处，很多时候，农村公共产品与农村基础设施的含义容易被弄混。农村公共产品是为了满足农村公共需要，其范围包括农村公共设施、公共事业、公共福利、公共服务等多个领域；而农村基础设施是指从事农业生产全过程所需要的物质和经济条件，在一定程度上，农村公共产品包含了农村基础设施。通过对相关文献的查阅，我们发现农村基础设施所涉及的范围相当广泛，对其定义的理解也有很多种，当前还没有一个比较具有权威性的定义。因此，关于农村基础设施概念及其范围的界定，学术界有不同的定义。

彭代彦（2002）认为农村基础设施是指为农民生产生活服务的一些基本设施②。杨林、韩彦平、孙志敏（2005）认为农村基础设施是为

① 郭广珍，刘瑞国，黄宗晔．交通基础设施影响消费的经济增长模型［J］．经济研究，2019（03）：166-180.

② 彭代彦．农村基础设施投资与农业解困［J］．经济学家，2002（05）：79-82.

农村经济、社会、文化发展以及农民生活提供公共服务的总和①。鞠晴江、庞敏（2005）认为农村基础设施是向农村生产生活提供公共产品和公共服务并保证农村社会扩大再生产顺利进行的各种物质技术条件的总和②。姜涛（2008）认为基础设施是在一定时期内，为农业生产、农民生活提供公共物品与公共服务，以保证社会再生产顺利进行的各种物质、技术要素的总和③。许丹丹（2014）认为基础设施在对农业经济提供服务功能的同时也改善了农村环境和农民的生活条件④。

综上可知，大多文献都是从农村发展、农民生活以及经济建设等方面来阐述农村基础设施建设。因此，基础设施建设不仅能改善农村与农民生活环境，而且可以加快农村经济的发展。

2. 农村基础设施的特性

农村基础设施既具有一般商品的属性，也具有公共产品的属性。农村基础设施建设不仅受到经济发展水平的影响，还受到自然资源的限制。我国各个地区经济发展不一，导致了各个省（区、市）的农村基础设施建设的资金投放、内部结构等都有较大的差别，但农村基础设施的总体作用大同小异，农村基础设施仍是构建新型农村与现代化农村的核心基础与根本前提。农村基础设施的特征主要体现在以下几点：

---

① 杨林，韩彦平，孙志敏．公共财政框架下农村基础设施的有效供给［J］．宏观经济研究，2005（10）：56-59.

② 高雪梅．山西省农村基础设施建设的财政支持研究［D］．杨凌：西北农林科技大学，2010.

③ 姜涛．农村基础设施投资及其效果研究——以安徽省为例［D］．合肥：安徽农业大学，2008.

④ 许丹丹．重庆市农村基础设施对农业经济增长的影响研究［D］．重庆：重庆工商大学，2014.

（1）农村基础设施的多样性

由于我国各个地区农村经济发展的不平衡，不同农村拥有不同的环境资源条件和农户数量，所以在不同生活条件下，农民对基础设施的需求呈现出多样化。农村基础设施有一个明显的受益范围。不同地区的农民对农村基础设施的需求不同，这就决定了不同类型的农村基础设施存在着不同层次的需求。一般来说，在比较发达的农村地区，农民在拥有比较完备的基本设施的前提下，多半是追求更高层次的基础设施，然而在贫困地区，由于经济的落后，导致了基础设施的不完善。因此，农民对农村基础设施设备的需求则是比较低的层次，急切需要的是能满足其生活需要的基本基础设施。

（2）农村基础设施的非排他性

非排他性是指每个农民都可以享受到基础设施的服务，不会因为产权导致农民被阻止使用该设施。例如，农村公路是实现“村村通”的基础设施。很明显，要把其他人排除在外是不可能的，即便能做到排他行为，需要投入的成本也相当高，将会大大超过使用农村公路所带来的收益。所以，基础设施的排他行为是没有效率可言的。

（3）农村基础设施的非竞争性

非竞争性是指农民的消费不妨碍他人同时使用，也不会减少他人消费基础设施时的数量与质量。在一个私人领域中，一个人在未获得产权人同意的情况下无法对其产品进行消费，并且会因此导致消费成本的增加。然而在公共产品领域中，这一问题将不会存在，任何人都可以在一定的范围内消费公共产品，不会因此而产生消费成本，而且其他人的消费也不会造成成本的提高。例如，农村基础设施中的公路设施、水利设施以及电力设施等，农民对其进行消费时不会妨碍其他人的使用，也不会造成其他人消费基础设施时成本的增加和质量的下降。

（4）农村基础设施的公益性

农村基础设施也具备较强的公益性，大多数农村基础设施是政府为改善农村人口的居住环境、生活条件等所做出的修建。例如，为了改善农村的交通状况，政府大力修建“村村通”公路，以方便农民的出行；改善农村的水利设施，提升农村地区的生产生活用水质量，为农村经济的发展创造有利的条件；为改善农村地区抵抗自然灾害的能力，加大力度改善对农村的基础设施建设，使农村生产生活得到了保障，使农村地区免受自然灾害的侵害，使农民在生产生活中获得更多的利益。

3. 农村基础设施的主要内容

农村基础设施的分类有不同的标准。本书根据基础设施的性质和功能，大致把农村基础设施分为以下几种：

（1）农村道路基础设施

农村道路基础设施建设的主要任务是方便农民的出行和农产品的运输，主要包括农村地区的公路、铁路、水路等交通基础设施，起到了与其他村庄相互连接，促进农村经济发展的作用。农村道路基础设施的建设可以改善农村的生产生活条件、提高农民收入。

（2）农村水利基础设施

水是农业的命脉。农村水利基础设施主要包括各种河流、水库、沟渠、人畜供水设施、生产供水设施等。在一些地区，水资源匮乏是困扰农民的一大难题，由于我国农田灌溉的水利设施效率较低，导致了水资源的浪费和农民收成不高。因此，改善农村地区生产生活用水迫在眉睫，要加强对农村供水管道的改建，提升农村地区的用水质量，不断改善农民的生活条件，为农村地区经济的发展提供有利条件。

（3）农村电力基础设施

农村电力基础设施的完善有效地改善了农民生活用电问题。农村电力基础设施大致包括电路线、电路塔等，农村电力设施改善了农村地区用电不足、用电不稳的现状，为农民生活条件的改善提供了保障。当前，农村电力基础设施的建设已经取得了很大成就，但仍存在一些问题，需要国家和地方继续努力，以使其能更有效地运行。

（4）农村通信基础设施

农村通信基础设施是指农村地区的通信以及互联网。通信设施的建设使农民获得信息的途径增多，加大了农村地区与外界的联系，也缩小了农村与城市的差距。农村通信基础设施建设给农村地区带去了致富的信息，丰富了农民的生活，为农村经济的发展奠定了坚实的基础。

（5）农村居住基础设施

农村居住基础设施建设的主要目的是改善农民的居住条件。当前，我国已解决了绝大部分农村人口居住的问题。与此同时，还加大力度改善农村居住环境，使农民有良好的居住条件和休闲的娱乐环境，从而使农民的精神文化更加丰富。

除此之外，农村基础设施还包括农村教育基础设施、农村医疗基础设施以及农村福利基础设施等。

（四）融资

融资的定义在理论界与实践领域中有所不同，在理论界其定义有很多种。狭义上，融资是企业或者项目资金筹集的过程，也就是企业或项目根据自身的经营情况、资产拥有情况，以及企业自身发展的需要所采取的向特定主体筹集资金的过程，是货币借贷与资金有偿的筹集活动①。广义上，融资就是货币资金的融通，是指资金的持有者与资金的需要者之间发生直接或者间接的资金融通活动。有的观点认为融资是货币资金供应者与需求者之间所进行的融资活动，不仅包括资金的融入，还包括资金融入与融出之间的流动过程。

融资的模式多种多样，具体包括 BOT、TOT、PPP、PFI 和 ABS②等模式，BOT 即“建设—经营—转让”，是指政府“特许”私人企业参与某个基础设施项目，通过签订协议授予私人企业在该基础设施项目建设中一定的权力，来承担其中的投资、融资、建设和维护。在特许期内，私人企业拥有下放的相关权力，但政府拥有监督权，期满后，私人企业有偿或者无偿将基础设施转让给政府；TOT 即“移交—经营—转移”，是指政府将修建好的基础设施的一定期限产权或者经营权转让给投资人，特许经营期满后，由其管理直到收回投资费用和合理回报后，

---

① C. V. 布朗，P. M. 杰克逊 . 公共部门经济学［M］. 张馨主，译 . 北京：中国人民大学出版社，2000.

② 20 世纪 90 年代初，ABS 模式向全球迅速扩展，是近年来世界融资模式中的重大创新之一。ABS 是指将缺乏流动性但能够产生可预见现金流收入的资产换成在金融市场上可以出售和流通的证券，据以融通资金的过程。ABS 是当前国际上发展最快、最有活力的一种融资模式，在西方发达国家，资产证券已经成为主流的融资模式之一，并且持续保持着较快的增长速度。在我国，ABS 融资模式尚在试行阶段，在农村基础设施建设中的运用更是较少，但这种新的融资模式值得相关学者去研究。参见：马永喜 . ABS 项目融资与我国基础设施建设［J］. 国际经济合作，2002（08）：46-47.

投资人无偿将基础设施的管理权转交给政府。PPP 模式①和 PFI 模式②是国外近年来发展较快的公共物品融资模式，具有良好的市场绩效，对我国来说具有十分重要的借鉴意义，是当前阶段我国公共物品投资领域体制改革的一个方向。

融资和投资之间是需求与供给的关系，二者相互制约、相互联系。其一，融资掌握了投资的制约权，就算投资者拥有再多的资源，没有合适的资金融通渠道和工具，也无法实施项目的投资活动，融资是现代经济运转的必要条件③。其二，投资掌握了融资的决定权，融资的结构、条件等取决于投资项目预期经济效益、投资者的财务状况、投资方的投资背景和投资风险水平等情况。

（五）农村基础设施融资

农村基础设施融资是指主体通过不同方式把不同渠道的资金导向农村交通道路设施、电力基础设施、水利基础设施以及通信基础设施等农村基础设施的过程。农村基础设施融资实质上是为了改善农村基础条件、缩小城乡差距以及发展农村经济，通过向个人和社会融资的方式筹

---

① PPP 是一种新型的项目融资模式，以授予特许经营权为基础，以利益共享和风险共担为特征，通过引入市场竞争和激励约束机制，发挥政府和社会资本双方的优势，提高公共产品或服务的质量和供给效率，不仅有利于更大地发挥弥补融资缺口的作用，也有利于高效开展公共服务建设项目，提升资本配置效率。参见：郭威，王丹．基于 PPP 模式的公共服务完善：作用、障碍与路径［J］．华东师范大学学报（哲学社会科学版），2018（06）：127-132.

② PFI，即“私人主动融资”，是西方发达国家 20 世纪 90 年代逐步兴起的一种新的基础设施投资、建设和运营管理模式。PFI 是指政府部门根据社会对基础设施的需求，提出建设项目，通过招投标，由获得特许权的私营部门进行建设与运营，并在特许期（通常为 30 年左右）结束时将所经营的项目完好、无债务地归还政府，而私营部门则从政府部门或接受服务方收取费用以回收成本的项目融资方式。参见：牟放．论我国实施 PFI 项目融资模式的制度安排［J］．中央财经大学学报，2009（06）：70-73.

③ 张新泽．当前我国的融资收缩及应对政策［J］．中国社会科学，2001（01）：70.

集农村基础设施所需的资金过程。它的主体主要包括政府、市场、农民个人以及其他主体，并且资金来源有政府财政融资、信贷融资、农户筹资以及其他性质的融资形式。农村基础设施融资对于改善农民生活条件、建设现代化新型农村以及实现农业转型升级都起着至关重要的作用。

农村基础设施融资对改善农民生活的作用主要体现在：一是可以提升农民的收入，比如乡村公路的修建、电力设施的改善以及水利设施的修建等都给农村人口带来了大量的就业机会，使他们的收入得到增加，改善生活水平。二是可以改善农民的生活环境，农村基础设施的完备可以使农民有更多的休闲娱乐场所，提升农民的精神文化。例如，韩国的“新村运动”，1970—1980 年，融资总额达到了 27571 亿韩元，兴建了大量的农村基础设施，改善了韩国农村的面貌，也使韩国农村人口的收入增加①。

在农村生产条件改善方面，以水利设施、交通道路设施等为代表的农村基础设施，不仅能够为农村的生产生活带来便利，而且能够降低生产成本和道路运输成本，提高农业生产效率。例如，农村水利设施的修建，为农村农田提供了用水基础，并且增强了农村抗灾害的能力，提升了农产品的质量；农村交通道路基础设施的修建，不仅方便了农民的日常出行，并且能降低农产品运输的成本，增加农产品的供应量。

（六）农村基础设施融资模式创新

改革开放以来，我国逐步建立了市场经济体制，经济实力不断加

① 张薇．韩国新村运动研究［D］. 长春：吉林大学，2014.

强，社会资本也在不断增加，如何利用这些有利条件创新农村基础设施融资模式，缓解政府的压力，是值得思考的问题。当前，西方国家在农村基础设施的融资模式上已经不仅仅局限于政府的融资，已有一些新型农村基础设施融资模式，如 PPP① 融资模式、BOT② 融资模式、ABS 融资模式等。

二、理论基础

理论作为实践的指导，对实践活动的践行发挥着方向引领的作用，并在实践深化过程中得以完善。在开展贵州内陆开放型经济试验区基础设施融资问题研究的过程中，要始终以马克思主义经济学相关理论为指导，借鉴西方经济学的有关理论，实事求是地开展各项研究工作。唯有在全面把握相关理论的基础上，才能真正精准地发现贵州内陆开放型经济试验区基础设施融资存在的问题，从而提出切实有效的解决对策。通过梳理，与本书相关的理论主要有商品价值理论、项目区分理论、公共

① PPP 融资模式。PPP（Public and Private Partnerships）最早由英国政府于 1982 年提出，泛指政府与私营商签订长期协议，授权私营商代替政府建设、运营或管理公共基础设施并向公众提供公共服务。财政部认为，PPP 是政府与社会资本为提供公共产品或服务而建立的“全过程”合作关系，以授予特许经营权为基础，以利益共享和风险共担为特征，通过引入市场竞争和激励约束机制，发挥双方优势，提高公共产品或服务的质量和供给效率。参见：周正祥，张秀芳，张平. 新常态下 PPP 模式应用存在的问题及对策［J］. 中国软科学，2015（09）：82-95.

② BOT 融资模式。BOT 的基本内涵是“政府通过由国有企业或政府部门所承担，为某一基础设施建设项目所进行的融资、设计、施工等任务交由民营企业或外商来完成，并将该项目在建成后的特许期限由该承建商所有和负责经营管理，收取使用费作为投资回报，特许期届满后无偿将该项目的所有权以及经营管理权移交给政府或其指定的国有企业”。当前，BOT 模式已经得到我国的广泛重视，成为市场经济体制下民间资本参加农村基础设施建设的重要模式之一，例如，我国多条高速公路的建设就采取了这一模式，不仅减轻了政府融资的压力，也为农村人口带来了便利，改善了农村基础设施建设。参见：周鸿卫. 国际项目融资与我国项目融资运作问题探讨［J］. 现代情报，2002（05）：28-30.

物品理论、公共选择理论等。

（一）商品价值理论

马克思主义认为，商品是用来交换的劳动产品，但劳动产品不一定都是商品。如果劳动产品直接用于生产者本人的生产消费或生活消费，或无偿地供别人使用，就不是商品。劳动产品要成为商品，必须通过交换。马克思曾指出："商品首先是一个外界的对象，一个靠自己的属性来满足人的某种需要的物。"① "物的有用性使物成为使用价值。"② "现在我们来考察劳动产品剩下来的东西。它们剩下的只是同一的幽灵般的对象性，只是无差别的人类劳动的单纯凝结，即不管以哪种形式进行的人类劳动力耗费的单纯凝结。这些物现在只是表示，在它们的生产上耗费了人类劳动力，积累了人类劳动。这些物，作为它们共有的这个社会实体的结晶，就是价值——商品价值。"③ "……要成为商品，产品必须通过交换……"④ 马克思的这些重要论述指出商品具有使用价值与价值，是价值与使用价值的统一体。根据马克思的商品价值理论，我们认为基础设施是一种商品。基础设施提供的产品和社会劳动服务，是为满足生产和生活消费需要而生产的劳动产品，包含了具体劳动和抽象劳动，因而具有使用价值与价值。例如，基础设施的生产过程。基础设施的商品属性，还表现为它是通过交换来实现其价值的。例如，基础设施中的自来水、电力等基础设施，其产品价值的实现，是通过管线输送其产品给消费者，采取赊销赊购方式进行。它们装表计量、按月收费使其

---

① 马克思．资本论（第一卷）［M］．北京：人民出版社，2004：47.
② 马克思．资本论（第一卷）［M］．北京：人民出版社，2004：48.
③ 马克思．资本论（第一卷）［M］．北京：人民出版社，2004：51.
④ 马克思．资本论（第一卷）［M］．北京：人民出版社，2004：54.

自身价值得到补偿。基础设施中的邮电通信通过提供信息服务于社会，通过售票方式和收费方式实现其价值补偿。在社会主义市场经济条件下，基础设施在总体上具有商品性质，是社会再生产的物质基础，又是社会再生产的特殊商品。基础设施具有商品的性质，是一种特殊的商品。这个结论，能为分析基础设施建设面临的资金问题和融资问题的研究提供理论支持①。

（二）项目区分理论

项目区分理论是根据基础设施项目的具体特征和性质，对不同类型的项目进行差别化管理，选择合适的投资主体与运作模式。按照该理论，在实践层面上基础设施项目可分为经营性与非经营性两大类②。基础设施项目的性质决定投资主体、资金来源渠道、运作模式以及权益归属等。其中，经营性项目又可细分为纯经营性项目和准经营性项目，纯经营性项目以符合城市发展规划与产业导向政策为前提，以全社会投资者为投资主体，具体包括收费高速公路、收费桥梁、废弃物的高收益资源利用厂等。准经营性项目有资金流入与收费机制，具有潜在的利润并客观附带有一定程度的公共性，是市场低效或失灵的部分，主要包括煤气厂、地铁、轻轨、自来水厂、收费不到位的高速公路等，政府可提供适当补贴，但主要是吸纳社会各方投资。非经营性项目主要是指无资金流入与收费机制的项目，属于市场失灵而政府有效的范畴，旨在获得社会和环境效益。非经营性项目的权益归政府所有，并以固定的税种或费

① 王建玲．小城镇基础设施性质与多元化筹资思路［J］．福建师范大学学报，2002（01）：19-22.

② 林后春．农业基础设施的供给与需求［J］．中国社会科学，1995（04）：54-64.

种作为保障，政府是非经营性项目的投资主体，财政投入是非经营性项目主要的资金来源①。

（三）公共物品理论

20世纪中期以来，公共物品理论始终是经济学研究的热点。在公共物品理论体系构建与完善的过程中，最为突出的是以萨缪尔森、马斯格雷夫为代表的新古典范式公共物品理论和以布坎南为代表的交易范式公共物品理论。1954年，萨缪尔森在《公共支出的纯理论》一文中首次将公共物品与帕累托效率联系起来，并给出了公共物品的经典定义：国家所有国民能平等地享有该物品的消费权，同时个人的消费不会影响到其他人的消费，可以表明公共物品具有非竞争性②。1968年，布坎南在《公共物品的需求与供给》一书中将公共物品定义为通过政治制度实现需求与供给的物品和服务③。在布坎南看来，在分析公共物品的需求与供给时，应从人们的“自愿交易”出发，而并非新古典范式公共物品理论所强调的从“帕累托效应”或者“最优”出发。与新古典范式公共物品理论的落脚点不同，以布坎南为代表的交易范式公共物品理论旨在强调公共物品需求与供给的“非市场决策过程”。此后，马斯格雷夫在《财政理论研究》一书中明确划分了公共财政的三种职能：配置职能、分配职能和稳定职能。以萨缪尔森和马斯格雷夫的贡献作为标志，新古典范式公共物品理论强调公共物品的“非排他性”和“非竞争性”，成

① 余池明．项目区分理论与城市基础设施投资体制改革［J］．城乡建设，2001（12）：44-45.

② 刘勉，黄娅妮．基于萨缪尔森经典定义对公共物品定义的研究［J］．中国市场，2010（49）：141-142.

③ 布坎南．公共物品的需求与供给［M］．马珺，译．上海：上海人民出版社，2009.

为主流经济学的一部分。但是，随着研究的进一步深入，古典范式公共物品理论的不完整性逐渐暴露，布坎南对其进行了深刻的批判①。

（四）公共选择理论

公共选择理论作为当代西方经济学的一个重要分支，又是一个涉及现代政治学和行政学较为重要的研究领域。公共选择理论源于维克塞尔的公共财政学，针对的是公共选择问题，即人们通过民主决策的政治过程来决定公共物品的需求、供给和产量，是把个人选择转化为集体选择的一种过程，旨在利用非市场决策方式对资源进行配置②。具体来看，公共选择理论主要研究“非市场经济部门”即政府应该做什么的问题，具体对象包括投票规则、政府失灵、官僚政治制度等③。①投票规则。阿罗将投票描述成一种纯粹的社会选择行为……社会依据选定的投票制度加总选票作出选择④；蒋洪（2006）在《公共经济学（财政学）》一书中指出了集中决策机制、直接和间接民主决策机制等具体规则⑤。②官僚政治制度。官僚集体会存在一些诸如机构臃肿、人浮于事、效率低下的现象，在一定程度上会导致官僚体制的膨胀⑥。③政府失灵。张建（1991）基于实证研究证明政府作为一种组织，决策者与普通人一样倾向于个人效用最大化，这一结论在一定程度上也佐证了布坎南的

---

① 张琦．公共物品理论的分歧与融合［J］．经济学动态，2015（11）：147-158.
② 宋延清，王选华．公共选择理论文献综述［J］．商业时代，2009（35）：14-16.
③ 邵军，吴祥福．公共选择理论文献综述［J］．技术与市场，2010（11）：114-115.
④ 攀勇明，杜莉清．公共经济学［M］．上海：复旦大学出版社，2001.
⑤ 蒋洪．公共经济学（财政学）［M］．上海：上海财经大学出版社，2006.
⑥ 陈振明．市场失灵与政府失败——公共选择理论对政府与市场关系的思考及其启示［J］．厦门大学学报（哲学社会科学版），1996（02）：1-7.

“政府失败”论断①。

综合来看，公共选择理论主张在市场经济体制下应依托市场来实现最大社会利益，即强调市场对资源配置的作用。因为公共物品本身所具有的非竞争性和非排他性容易造成“搭便车”现象，从而导致市场失灵。因此，不能完全依托市场调节分配资源。从公共选择理论观点出发，应明确界定地方政府在基础设施融资中的职能范围并正确地发挥作用，在基础设施领域尽量采用市场化融资模式②。

第四节 研究内容与思路

一、研究内容

本书的主要内容包括以下六个方面：

（一）绪论

从本书的选题背景与研究意义出发，对国内外文献进行了梳理，对相关概念进行了界定，对本书的理论基础、研究内容与思路、研究目标与方法、研究特色与创新之处进行了介绍。

---

① 张健．布坎南与公共选择理论［J］．经济科学，1991（02）：70.

② 李英．公共选择理论与市场经济下政府干预经济的有效性［J］．东南亚研究，1999（01）：46-49.

（二）贵州基础设施融资取得的主要成效、存在的主要问题

1. 贵州内陆开放型经济试验区基础设施建设现状分析

近年来，贵州基础设施建设主要致力于交通运输、城市公用事业、能源基础设施、智能信息、生态环境、农村基础设施建设等方面，并取得了显著成效。一是交通基础设施先行建设，生产活力蓄势待发。二是城市公用事业建设重点落实，加快城镇化发展步伐。三是能源基础设施同步建设，合理开发利用资源。四是“数字贵州”建设大力推行，智能信息快速普及。五是生态环境发展稳固根基，持续发展落到实处。六是农村基础设施建设加快推进。

2. 贵州基础设施融资取得的主要成效

贵州内陆开放型经济试验区基础设施融资取得的成效包括：一是逐步完善融资环境，内外活力双向迸发。二是地方金融改革逐步推进，地方金融机构得到优化。三是借助“投资”拉动效应，招商引资成为重要“抓手”。四是政府逐渐退出基础设施竞争领域，社会资本活力释放。五是农村基础设施融资参与主体多元化。

3. 贵州基础设施融资存在的主要问题

贵州内陆开放型经济试验区基础设施融资存在的主要问题有：一是基础设施融资平台建设滞后。二是基础设施融资渠道单一。三是基础设施间接融资比重过大。四是基础设施融资金融服务体系不健全。五是基础设施融资环境有待改善。六是农村基础设施融资存在政府投资不足、金融支持缺位、农村集体力量薄弱、社会资本投资意愿不高、农户自身积累能力不强等问题。

（三）贵州内陆开放型经济试验区基础设施融资面临的形势分析

1. 国家基础设施融资政策取向

国家基础设施融资政策取向取决于其投资政策。总体上看，今后一段时期基础设施投资仍然是支撑我国经济增长的重要动力，基础设施投资政策的实施必须要有相应的融资政策配合，国家在交通运输、产业智能化以及环保等方面进行大量的基础设施投资与建设。因此，今后一段时期，国家的基础设施融资政策环境总体上对贵州内陆开放型经济试验区的基础设施融资较为有利。

2. 贵州内陆开放型经济试验区基础设施融资面临的新形势、新要求

一是贵州内陆开放型经济试验区基础设施融资面临新的形势。从国际上看，国际金融危机影响深远，世界经济增长速度减缓，我国发展的外部环境更趋复杂。从国内来看，经济发展环境正在发生变化，资源、生态、环境等对发展的瓶颈制约也在进一步加剧。国家在今后一段时期将大力调整投资结构，加快推进经济结构调整和发展方式转变。从省内来看，目前，贵州是西部地区乃至全国经济社会发展落后的省份，居民投资能力不强，社会融资渠道不畅。贵州内陆开放型经济试验区基础设施融资的软、硬环境需要进一步改善，农村基础设施建设滞后。二是贵州内陆开放型经济试验区融资面临新的要求。融资量决定社会资源占有量，谁拥有了金融资源，谁就占据了经济发展的主动权。今后一段时期是贵州内陆开放型经济试验区基础设施建设的黄金期，对基础设施融资的需求将呈现爆发性增长趋势，为金融发展提供了难得的机遇，当然也带来了一定的压力。贵州内陆开放型经济试验区融资主要面临着积极创新基础设施融资理念，深化基础设施融资体制改革，拓宽基础设施融资渠道，创新基础设施融资体制机制，规避基础设施融资风险等方面的新要求。

（四）国内外基础设施融资经验及启示

1. 国外城市基础设施融资经验及启示

对西方主要发达国家（如美国、英国、日本等）基础设施融资模式进行分析，总结出西方发达国家的融资经验与做法，并得出四个方面的启示，即基础设施建设需要形成多元化的融资主体、拥有市场化的融资方式、建立发达的金融市场、建立完善的融资制度。

2. 国外农村基础设施融资经验与启示

介绍了美国、日本、韩国等国家的农村基础设施融资的经验，指出国外农村基础设施融资创新对贵州的启示。

3. 我国基础设施融资创新的实践经验及政策启示

分析了我国一些省（区、市）的基础设施融资经验，如“以银行贷款为主、其他融资形式为辅”的甘肃融资模式；“渝富+八大投”的重庆融资模式；政府前期为主导、民间资本后期渗透的丽江市工业园区融资模式；以各级城投管理和政府性投资公司负责、以未来土地收益做抵押，向金融机构贷款的多元、灵活的天津融资模式等。我国各省市在实践基础设施融资方面的异同以及不足大致包括：一是仍然以关系国计民生的项目为重点。二是融资创新模式具有内容相似性。三是存在地区发展不平衡、不充分的矛盾。四是投融资体制还有待完善。五是利用资本市场融资的能力还有待提升。六是适合我国市场经济的投融资模式还有待探索。在此基础上，提出我国基础设施融资创新实践的政策对贵州内陆开放型经济试验区基础设施融资的启示，即积极探索具有贵州内陆开放型经济试验区特色的基础设施融资模式；鼓励融资方式多元化、市场化；逐步建立适应市场经济发展的金融市场；改革和完善基础设施投融资体制。

（五）贵州内陆开放型经济试验区基础设施融资的总体要求

1. 基本思路

以马克思列宁主义、毛泽东思想、邓小平理论、“三个代表”重要思想、科学发展观、习近平新时代中国特色社会主义思想为指导，全面贯彻党的十九大和十九届二中、三中、四中全会精神。本书提出以下基本思路：一是抓住贵州内陆开放型经济试验区建立的各种机遇，充分利用外来资金。二是构建新型基础设施融资体系，充分挖掘融资潜力。三是完善基础设施融资政策，优化区域融资环境。四是定位地方政府职能，形成多元化基础设施融资格局。

2. 主要目标

一是完善政府融资平台，推进基础设施融资平台改革。二是积极利用银行授信额度，支持贵州内陆开放型经济试验区重点基础设施项目建设。三是大力发展各类投资基金，引进股权投资。四是推进城乡金融综合改革，支持城乡经济一体化发展。五是制定政策引入社会资本投资基础设施，推进基础设施投融资的改革与发展。

3. 重点任务

贵州内陆开放型经济试验区基础设施建设的主要任务包括：一是建设内陆投资贸易便利化试验区的基础设施。二是建设现代产业发展试验区的基础设施。三是建设内陆开放式扶贫试验区的基础设施。建设上述基础设施需要投入大量资金，贵州内陆开放型经济试验区基础设施融资的重点任务就是为上述“三位一体”的基础设施建设提供融资服务。

（六）贵州内陆开放型经济试验区基础设施融资的对策建议

1. 深化基础设施融资体制改革

具体的对策建议主要有：一是转变基础设施融资理念，以创新思想推动基础设施融资体制改革。二是明确政府职能定位，强化企业基础设施投资主体地位。三是完善基础设施投融资宏观调控体系，正确引导融资问题的解决。四是积极创新利用外资方式，简化外资进入审批程序。五是优化法制环境，逐步完善基础设施融资服务体系。

2. 拓宽基础设施融资渠道

具体的对策建议主要有：一是强化基础设施融资平台建设。二是加大“引金入黔”的工作力度，积极利用银行授信额度。三是建立多层次资本市场，大力发展各类投资基金。

3. 创新基础设施融资体制机制

具体的对策建议主要有：一是创新制度安排，培育新型主体以建立多元化融资机制。二是提高直接融资占比，建立多渠道的基础设施直接融资机制。三是发挥比较优势，建立良好的吸引外资机制。四是稳步推进农村土地资源优化配置，有序推广“资源变资产、资金变股金、农民变股东”的“三变”经验和普定县秀水村的“秀水五股”模式。

4. 规避基础设施融资风险

主要包括三方面内容：一是识别基础设施融资风险源。二是控制基础设施融资宏观层面的风险举措。三是控制基础设施融资微观层面的风险举措。

5. 创新农村基础设施融资模式

具体的对策建议主要有：一是强化政府财政资金投入的引导作用。二是加大金融机构的支持力度。三是增强村集体集资的效能。四是创新社会资本的投资渠道。五是增强农户的自我筹资能力。

二、研究思路

以马克思列宁主义、毛泽东思想、邓小平理论、“三个代表”重要思想、科学发展观、习近平新时代中国特色社会主义思想为指导，全面贯彻党的十九大和十九届二中、三中、四中全会精神。抓住新时代西部大开发和经济发展方式转变的各种机遇，充分挖掘贵州融资潜力，充分利用外来资金，完善融资政策，构建新型融资体系，形成政府引导、市场运作、社会参与的多元化融资格局，推动贵州内陆开放型经济试验区又好又快发展。坚持争取外源与激发内力相结合、专业分工与统筹管理相结合、制度创新与有效监管相结合、多元融资与重点投资相结合的基本原则，以激励融资主体、创新融资方式、拓宽融资渠道、优化融资结构、营造融资环境为总体思路，逐步建立运行规范、竞争有序、充满活力的贵州内陆开放型经济试验区新型融资体系，形成基础设施建设与融资相互促进的良性循环关系，为贵州内陆开放型经济试验区的基础设施建设提供金融支撑。

第五节　研究目标与方法

一、研究目标

在调研的基础上，本书致力于对贵州内陆开放型经济试验区基础设施融资问题的研究，分析贵州内陆开放型经济试验区基础设施融资取得的主要成效、存在的主要问题，研判国家基础设施融资政策取向以及贵州内陆开放型经济试验区基础设施融资面临的新形势、新要求，并借鉴国内外成功的经验做法，提出解决贵州内陆开放型经济试验区基础设施的基本思路、主要目标、重点任务以及对策建议，为贵州内陆开放型经济试验区基础设施融资问题的研究提供丰富的理论基础和实践思路。

二、研究方法

本书拟运用经济学、管理学及金融学等多学科方法进行综合研究，从理论与实践、历史与现实、“应然”与“实然”等多重角度，重点研究贵州内陆开放型经济试验区基础设施融资的一些基本问题，以期使研究结果具有较强的现实性和针对性。主要采用的研究方法如下：

（一）文献研究与实地调查相结合的方法

通过文献研究，很好地掌握了本书的理论基础、选题方向。此外，本书拟找出一定数量有代表性的基础设施融资案例进行实地调查，收集有关贵州内陆开放型经济试验区基础设施融资取得的主要成效与存在的主要问题。通过走访相关专家，咨询贵州内陆开放型经济试验区基础设施融资改革、拓宽融资渠道、创新融资体制机制应采取的对策与建议。

（二）比较分析法

本书对美国、英国、日本等国城市基础设施融资模式进行比较分析，总结出西方发达国家的城市基础设施融资创新的经验与做法。对美国、日本、韩国等国家的农村基础设施融资的经验进行比较，指出国外农村基础设施融资创新的启示。对我国一些省（市、区）的基础设施融资经验进行比较，如“以银行贷款为主、其他融资形式为辅”的甘肃融资模式；“渝富+八大投”的重庆融资模式；政府前期为主导、民间资本后期渗透的云南丽江市工业园区融资模式；以各级城投管理和政府性投资公司负责、以未来土地收益做抵押，向金融机构贷款的多元、灵活的天津融资模式等，从而总结出这些模式创新对贵州内陆开放型经济试验区基础设施融资的启示。

（三）系统、利益均衡的分析方法

贵州内陆开放型经济试验区基础设施融资问题及其制度设计并不是孤立存在的，而是多方面矛盾的均衡体，所以应运用系统的方法来展开分析。综合来看，政府、监管者与融资者、投资者各主体对基础设施融资的态度以及享有的利益，新型融资方式的便利要与投资者保护平衡协调、融资体制机制创新要与贵州金融市场的监管能力水平相适应、融资体制机制创新还必须同非法集资相区分等问题均要求在展开本研究时应注重利益均衡。基于此，研究贵州内陆开放型经济试验区基础设施融资问题，要采用系统、利益均衡的研究方法，平衡各方利益，均衡设计制度规则。

第六节　本研究的特色与创新之处

本书对贵州内陆开放型经济试验区的基础设施融资问题展开研究，具有的特色与创新之处表现在以下几个方面：

1. 视角新

从研究视角来看，本书重点研究贵州内陆开放型经济试验区基础设施融资。放眼全国，研究基础设施融资的文献浩如烟海，但是关于贵州内陆开放型经济试验区基础设施融资的研究内容并不多见。贵州作为我国第二个内陆开放型经济试验区，其基础设施融资问题值得研究者重点关注。本书以贵州内陆开放型经济试验区的基础设施融资问题作为研究对象，是一个全新的视角。

2. 立意新

本书在明确贵州内陆开放型经济试验区基础设施融资的原则、目标和路径的基础上，尝试从融资主体、融资方式、融资渠道、融资模式创新等涉及贵州内陆开放型经济试验区基础设施融资的各个方面提出具体的政策建议。

3. 问题新

对于科研工作者来说，课题研究中的问题意识是关键因素。我们开展贵州内陆开放型经济试验区基础设施融资课题研究并不是简单等同于发现其存在的问题，重要的是在分析梳理贵州内陆开放型经济试验区建设过程中，如何在坚持实事求是和“理性原则”的前提下，寻找到解决贵州内陆开放型经济试验区基础设施建设过程中融资问题的突破口。本书针对贵州内陆开放型经济试验区基础设施建设过程中融资方面可能出现的新情况、新问题来开展研究，并力求用事实和逻辑说话，以找到解决问题的突破口。

第二章 CHAPTER TWO

贵州基础设施融资取得的主要成效、存在的主要问题

第一节　贵州内陆开放型经济试验区基础设施建设现状分析

贵州作为我国西部的欠发达地区，基于历史遗留的诸多经济发展难题以及特殊的自然地理环境使得其经济发展长期落后。2016 年 8 月 5 日，国务院批准了在贵州设立内陆开放型经济试验区的请示，这是继宁夏之后第二个获批的西部内陆地区。国务院批准设立贵州内陆开放型经济试验区，依托政策倾斜为贵州实现“弯道取直”、决胜脱贫攻坚提供了契机。这一举措是党中央从国家政策层面对贵州经济的提速增效做出的明确定位，对现阶段贵州的发展具有举足轻重的作用。与此同时，这一举措在很大程度上为贵州招商引资、对外开放提供了新引擎，为贵州作为相比沿海地区经济发展较慢的内陆地区发挥示范作用提供了新动力。贵州在建设内陆开放型经济试验区政策的助推下迈上了发展新台阶，同时为当地基础设施建设挖掘了新的潜能。从目前来看，贵州内陆开放型经济试验区基础设施建设逐步完善，但由于存量过小、基础较弱，仍存在一些问题。综合来看，近年来贵州基础设施建设主要致力于交通运输、城市公用事业、能源基础设施、智能信息、生态环境、农村基础设施建设等方面并取得了显著成效。

一、交通基础设施先行建设，生产活力蓄势待发

近年来，贵州深入贯彻落实交通基础设施先行建设的发展定位，生

产活力蓄势待发。从国家或地区来看，社会的发展离不开资金的融通和各类经济活动的开展。但是，诸多事实论证了大部分地区仅仅依靠内部融通远不能为当地经济发展提供充足的动力，即本地内需不足需要“引进来”和“走出去”。从贵州来看，作为中国唯一一个没有平原支撑的西部内陆地区，当地交通基础设施建设技术要求较高且资金投入较大，山路环绕的自然地理风貌造就了闭塞的交通。但是，随着科学技术的不断改进以及国家和地方政府对交通基础设施建设的高度重视，贵州交通基础设施建设取得了显著成效。2012 年初，国务院出台的国发 2 号文件中明确提出贵州应始终把交通基础设施建设放在突出位置，推进现代综合交通运输体系构建的步伐，致力于打破当地的交通瓶颈问题①。基于此，贵州高速公路、水运和铁路集中建设的会战相继拉开了序幕，打通交通“动脉血管”的规划提上了日程并取得了跨越性突破。2018 年，贵州再度发力，出台《贵州省交通运输支撑同步全面建成小康社会三年行动计划（2018—2020 年）》，旨在为开创百姓富、生态美的多彩贵州新未来提供有力的交通运输保障②。

在公路建设方面，不断加大资金投入力度，大幅度增加通车里程，但是，一些公路等级及通行能力不太理想。随着国家及贵州省相关部门对公路建设资金投入额度的不断增加，公路建设的瓶颈逐渐被突破。据悉，贵州省政府办公厅 2015 年出台的《县乡公路改造三年攻坚行动实施方案》中规划 2016—2018 年将投入 400 亿元进行县乡公路技术改造。相关资料显示，截至 2015 年上半年，贵州高速公路建设投资 474. 8 亿

---

① 齐健．推进产业升级创新投融资模式 贵州立体交通引领经济跨越发展［N］．经济参考报，2014-11-26.

② 聂毅．贵州交通迈步新征程开启新篇章［N］．贵州日报，2018-03-07.

元，普通国省干线及农村公路建设投资189.3亿元①。与此同时，贵州实行公路建设三年会战期间总投资约4000亿元且新建2500千米公路里程，实现通车5100千米以上里程。预计未来几年高速公路路网交通量将以12%的增速提高且产生可观的通行费用收入②。截至2017年末，贵州高速公路通车里程排名第九、综合密度排名第三，成为我国西部地区首个实现县县通高速公路的省份③。

在铁路建设方面，贵州建设速度稳步加快，快速连接通道逐步打开。由于贵州特殊的地形地貌对铁路网络搭建的技术要求极其严格，加之前期的资金投入力度不够使得贵州铁路建设长期落后。随着党的十六大以来国家对铁路现代化建设的迫切需求，长昆高速铁路、贵广区际干线等一批铁路重点工程陆续开工建设，贵州铁路建设迎来快速发展的历史新时期。据悉，截至2017年末，贵州铁路营运里程3550千米，较2012年末约增长71.8%；高铁营运里程1214千米，并与珠三角、长三角和京津冀地区实现连接，快速打通了与东部发达地区的道路④。但是，综合来看，贵州铁路网络建设仍然存在覆盖密度小、布局不完善、技术等级不高等问题，仍需进一步改善。

在民航建设方面，航线及通航里程不断增加，所能承载的旅客与货物吞吐量同步得到大幅度增加，但是，仍存在一定的发展空间。随着贵

---

① 汤婷婷．贵州万亿资金投向交通基建［N］．经济信息时报，2015-08-28.

② 王静．八年近万亿贵州交通基建投资创历史峰值［N］．21世纪经济报道，2015-08-13（006）.

③ 聂毅．构建“九大体系”打造交通强国西部试点 贵州交通开启新征程［N］．贵州日报，2018-02-05.

④ 聂毅．构建“九大体系”打造交通强国西部试点 贵州交通开启新征程［N］．贵州日报，2018-02-05.

州经济发展对交通运输能力的需求提升，贵州民航发展步伐不断加快，致力于民航建设的资金投入、机场设备的积极更新、航线的不断调整与增加，逐步朝民航大型化专业化方向发展。从目前来看，贵州民航主要是以4E级国际机场的龙洞堡机场为主要示范，积极扩展六盘水、毕节、遵义等支线机场建设，现已逐步形成以贵阳龙洞堡机场为中心、支线机场为支撑且布局合理的航空运输网络。值得注意的是，随着科技水平的不断提高，当地对民航的需求不断提升，在今后的发展过程中，贵州内陆开放型经济试验区仍需进一步优化民航运输网路建设，降低航运成本、合理优化航运布局，使得当地航运进入发展新阶段，助力当地基础设施完善与经济发展水平提高。

在水运建设方面，一直处于整治发展阶段且成效明显。近年来，随着贵州对航运建设的重视，水运建设取得了许多成效，诸如建成了国内首个内河航运专题博物馆——贵州航运博物馆；开工建设11个水运项目；重点整治完工3条出省水运主通道，即乌江、赤水河和“两江一河”（南、北盘江和红水河）；新增四级航道长达851千米，彻底改写了贵州无高等级航道的历史①。但是，配套设施建设不完善，与贵州经济发展的航运需求难以匹配，加之航运通航能力较差、安全系数等级较低等问题，进一步完善航运建设迫在眉睫。

二、城市公用事业建设重点落实，加快城镇化发展步伐

推动城镇化进一步发展作为全面建设小康社会的重要任务，贵州在

① 聂毅．贵州交通迈步新征程开启新篇章［N］．贵州日报，2018-03-07.

此方面做出了诸多努力。相关数据显示，在 1949 年、1978 年、2000 年的纵向时间对比下，贵州城镇化率呈现 7.5%、12.1%、23.9%的逐步提升过程。截至 2018 年，贵州城镇化率预计达到 47.5%①。虽然较全国总体水平仍有很大的差距，但是从区域来看较以往也是取得了一定的成效②。近年来，贵州致力于推进区域城镇化发展，重点落实教育设施、医疗设施、公共文化及体育设施等城市公用事业建设，完善城镇道路、供水、供电、供气、垃圾、污水处理、通信和环境绿化等基础设施及其配套服务建设，推动旧城改造、新区扩建和保障性住房等城镇房地产发展，现已构建以贵阳为中心、大中小城市与小城镇相结合的城镇发展体系。

综合来看，贵州依据当地经济发展的实际情况，贯彻落实城镇化发展战略，逐步探索出了一条“依托优势、规避劣势、适合省情”的山地特色新型城镇化道路，使得贵州城镇快速发展。贵州 100 个示范小城镇完成了高达 1000 亿元的投资，城镇新增人口约 20 万，切实提高了当地的城镇化率。与此同时，通过多方协作，贵州省域内城镇道路面积、城镇绿化覆盖面积、城镇用水普及率、城镇污水处理率等均得到大幅度提升③。值得注意的是，贵州在落实城市公用事业建设、加快城镇化发展的过程中也存在着许多问题，主要包括以下几个方面：一是城镇化率起始状态较低且发展缓慢。基于贵州经济发展基数较小且基础设施建设较为落后的历史遗留问题，当地城镇化率初始状态与全国水平相距甚

① 贵州：2018 年全省城镇化率预计达 47.5% [EB/OL].（2018-12-28）[2019-03-07]. http://gz.people.com.cn/GB/n2/2018/1228/c194827-32464999.html.

② 刘兰．贵州省城镇化战略的思考 [EB/OL].（2013-03-05）[2018-10-07]. https://wenku.baidu.com/view/b9bbbbe0998fcc22bcd10da6.html.

③ 陈寅雅．贵州城镇化战略分析 [J]. 现代商贸工业，2018（21）：12-14.

远，加之城镇化发展过程涵盖范围较广，不可能一蹴而就。二是城乡二元结构明显，城乡差距较大。从某种程度上讲，区域城镇化率往往可以反映一个地区的经济发展水平，代表着区域的综合发展能力。以城带乡，由乡转城的发展过程中城乡发展差距作为重要影响因素，关乎着地区经济的均衡可持续发展。三是城市公用事业建设不断落实，但是仍不能与区域经济发展、城镇化建设要求相匹配。从目前来看，虽然贵州省域内城市基础设施建设不断完善，城市公用事业从无到有、从有到优不断发展，但是发展道路依旧任重道远。

三、能源基础设施同步建设，合理开发利用资源

近年来，贵州大力推动工业化发展，同步推进能源基础设施建设。从贵州固有的资源来看，当地煤炭、电能资源较为丰富。相关资料显示，贵州煤炭资源储存总量位居全国第五位，高达 2400 亿吨；新能源煤层气蕴藏量位列全国第二位，高达 3.15 万亿立方米①。自 2012 年国发 2 号文件中明确指出贵州作为全国重要能源基地以来，电力方面，截至 2014 年底电力装机已达到 4645 万千瓦，其中省内用电量 1170 亿千瓦时，外送电量 630 亿千瓦时。煤炭方面，贵州实现煤炭销售 1.8 亿吨，其中外送煤炭 4800 万吨且煤炭产能基本已达每年 1.9 亿吨。能源产业已经逐步成为贵州经济发展的支撑，且贵州作为全国重要能源基地的地位也得到巩固②。但是，综合来看，贵州在煤炭和电能开发利用方面也存在一些突出的问题，诸如煤炭产业发展过程中技术水平相对落

---

① 易其国．贵州省低碳经济发展现状分析［J］．当代经济，2017（33）：48.

② 吴承坤．贵州：全国重要能源基地作用日益凸显［N］．中国经济导报，2015-02-03.

后导致生态环境的深度破坏；加之支撑煤炭资源走出去的交通基础设施体系并不完善致使其支撑当地经济发展的动力不足。电能产业虽然处于快速发展阶段，但是配套基础设施建设滞后，电力供需之间仍然存在一些问题。显然，贵州内陆开放型经济试验区相关部门已经察觉到了这些问题，并出台了相关对策进行应对。综合来看，贵州内陆开放型经济试验区正处于逐步完善能源基础设施建设，绿色开发利用能源的新阶段。

四、数字贵州建设大力推行，智能信息快速普及

近年来，贵州“大数据”战略正在如火如荼地贯彻落实，顺应了国家科技化发展的趋势，充分挖掘了本地发展的潜力。相关资料显示，早在 2014 年 12 月，贵州省政府就正式开启贵州信息基础设施建设三年会战，组织召开了全省的电视电话会议，旨在突出当地发展过程中信息基础设施建设的重要性、打造信息化强省。贵州省政府印发的《贵州信息基础设施建设三年会战方案》中明确提出贵州应按照“一年补短板、两年不落后、三年要领先”的总体要求，在 2015 年及此后的三年内以总投入不低于 6 亿元的资金推进“出省通道拓展”“骨干网络优化”等 10 项重点工程的建设，逐步构建出省宽、省内联、覆盖广、资费低、保障高的信息基础设施体系①。通过相关部门的通力合作，贵州信息化、数字化建设成果颇丰，吸引了中国电信、中国移动、中国联通三大运营商在贵州布局数据中心，“云上贵州”“数据贵州”“光网贵

① 杨喆．贵州省启动信息基础设施建设三年会战［N］．人民邮电，2014-12-05.

州”“满格贵州”一触即发。来自省经信委的统计显示，2015 年贵州信息基础设施建设前三个季度的投资额度为 108.95 亿元，其中非运营商投资占比 16.36%，投资额为 17.83 亿元，远远超过了预期且投资主体实现了多元化①。此外，截至 2017 年底，贵州通信光缆达到了 90 万千米，建成了贵阳·贵安国家级互联网骨干直联点；出省带宽达到 6730GB，行政村实现 100%通 4G 网络、98%通光纤。2018 年贵州省十三届人大一次会议提出将进一步加大当地信息基础设施投资力度，完成 120 亿元的投资额度并建成全光网省、实现出省带宽 8000GB。随着信息网络基础设施的不断完善，贵州正在进一步推进国家大数据综合试验区建设，旨在实现经济社会发展与大数据的深度融合，实现地区由数字化、信息化向智能化发展的跨越②。贵州内陆开放型经济试验区正在大力推进信息基础设施建设，实现数字化、智能化经济发展，以期打造地域数据信息优势拉动地区经济发展。

五、生态环境发展稳固根基，持续发展落到实处

贵州在基础设施建设过程中始终坚持稳固生态环境发展根基、坚守环境保护底线、推动区域经济可持续发展。“绿水青山就是金山银山”的发展理念逐步融入基础设施建设的过程中，近年来，贵州内陆开放型经济试验区基础设施建设过程中始终体现着这一发展理念。例如，贵州允许在不占用基本农田的前提下建设山地体育康体公园、贵州过境外国

① 王璐瑶．信息基础设施建设酣战正浓——贵州先行试验夯实大数据产业基石［N］．贵州日报，2015-11-11.

② 王庭荣．建成全光网省 推动“数字贵州”建设［N］．人民邮电，2018-02-08.

游客144小时免签以吸引游客；设立一批航空、陆路口岸以促进旅游业转型升级，从而推动当地基础设施的建设、保障当地经济的可持续发展①。通过分析贵州内陆开放型经济试验区基础设施建设的相关规划可以发现：相关规划最大限度地保障了当地的生态环境，不会过度开发建设，始终保持经济环境的原生态，真正把生态保护与经济发展兼顾的理念落到了实处。

六、农村基础设施建设加快推进②

习近平总书记在党的十九大报告中提出，要提高保障和改善民生水平，不断满足人民日益增长的美好生活需要，改善人民的生活水平，使人民的满足感和幸福感得到提升，加快推进基础设施建设③。农村基础设施的建设是转变与加快农村经济发展、改善农村人口生活不可或缺的必要条件与基础。当前，贵州农村基础设施的建设，对于发展农业、振兴乡村、解决“三农”等问题有着重要意义。提高贵州农村基础设施的建设水平是政府工作中的首要重点。当前，贵州农村基础设施建设已经取得了很大的成就，基本上满足了农民的生活需要和农业生产的发展需要，基础设施网络能够初步覆盖全省，在“小康路、小康水、小康房、小康电、小康信、小康寨”等方面都进行了大量投资，对偏远山区进行了有针对性的投资，确保了城乡的协调发展。虽然目前农村与城

---

① 潘建．蒙启良：加快民族地区基础设施建设 推动贵州经济社会快速发展［N］．贵州政协报，2018-03-09（A01）．

② 李靖，王宇．贵州农村基础设施建设现状研究［J］．江苏师范大学学报（哲学社会科学版），2017（增刊）：20-21.

③ 习近平．决胜全面建成小康社会 夺取新时代中国特色社会主义伟大胜利——在中国共产党第十九次全国代表大会上的报告［M］．北京：人民出版社，2017.

市之间的基础设施建设不平衡，农村的投资力度也远不如城市，但是贵州省各级政府部门已经高度重视农村基础设施的建设。贵州当前农村基础设施的建设与过去相比已经取得了重大成就。贵州已基本实现了村村通油路，为农民的出行及生活带来了便利，并且带动了贵州农村经济的不断发展；小康水行动计划的实施不仅改善了农民饮水问题，而且解决了当前农田灌溉问题；小康房的建设改善了农民的居住条件，解决了农民住房难这一问题；贵州当前已基本实现的“村村通”电路网络，全面解决了山区群众用电难的问题；近几年贵州加大对农村通信的完善力度，实现了贫困地区信号全覆盖，使得农民足不出户也能知晓天下事；各具特色的黔民居，不仅改善了农民的生活条件，也使农村旅游得到了大力发展，增加了农民收入。

（一）农村公路基础设施建设

经过近几年的努力，贵州公路基础设施建设取得了良好的成绩。全省所有乡（镇）已实现道路硬化。目前，全省所有建制村、撤并建制村的通村硬化路建设工作正在全力推进。2016 年，全省新改建农村公路 2.37 万千米，全省小康路累计完成投资 208.1 亿元。其中，建设县乡道改造项目 650 千米，建设通村沥青（水泥）路 1.3 万千米，撤并村通硬化路累计完成投资 46.4 亿元，推进乡镇客运站建设 122 个，实施农村公路油路大中修工程 400 千米①。2017 年 8 月起，贵州在全省开展农村“组组通”公路三年大决战，将累计投入资金 388 亿元，对全省 3.9 万个 30 户以上未通硬化路的村民组，规划建设通组公路 9.7 万千

① 贵州省“四在农家·美丽乡村”基础设施建设六项行动计划发展报告［EB/OL］.（2017-02-13）［2017-10-22］. http://jiangsu.china.com.cn/html/2017/gznews_0213/9282369.html.

米，彻底打通交通“最后一公里”①。农村公路路网结构的不断完善，路网结构进一步优化，不仅从根本上结束了农民走土路、走泥路以及农村不通车的历史，而且有力地推动了农民收入提高以及农村经济繁荣，使农民感受到了交通的便利以及带来的利益，为贵州农村经济的发展打下了坚实的基础。

（二）农村水利基础设施建设

水利是农业的命脉。当前，贵州正在努力建设农村水利基础设施，确保农村农民用水的安全和放心。由于贵州地属喀斯特地貌，山地与丘陵的占比约为总面积的92.5%，导致一些地区严重缺乏水资源，为了解决农村地区水资源匮乏问题，贵州开启了利民的水利工程，目的是改善农村地区的生活和生产用水。不仅如此，贵州还加强对农村饮用水水源的保护，加强对农村供水管道的扩建与改善，不断提升农村用水质量。贵州各市（县、区）都积极贯彻落实贵州小康水的行动计划，例如，从2016年起，都匀市已新建、整治山塘共计6座，总库容12.41万立方米；新建及改造拦水堰8座；改造、修建渠道67.73千米；新建倒虹管1座；建成机井配套工程3口，总装机22.5千瓦；新建水池3座150立方米；铺设安装管网7.44千米，灌溉及保护面积11215亩。项目惠及平浪镇、小围寨办事处的19个村5万余人②。贵州农村水利项目的建设与完善，不断改善了农民的生活条件，为贵州农村经济的发展创造

① 杨洪涛．贵州：拟决战三年实现农村“组组通”公路［N］．新华每日电讯，2017-08-07.

② 都匀市水务局．都匀市小农水解决大灌面［EB/OL］．（2017-06-16）［2017-10-22］．http：//www.dys.gov.cn/contents/5/13723.html.

了有利条件。

（三）农村小康房建设

改善农民居住环境是农村基础设施建设的一个重大标准。目前，贵州已在积极落实农村小康房的建设，并且根据贵州省住房城乡建设厅的要求，对农村危房改造、扶贫生态移民点的农村住宅，按照小康房的建设标准进行完善、提升，各地都在不断统筹配套完善农村小康房的基础建设。目前，贵州制定了《贵州省村庄风貌规划设计技术导则》《贵州省农村小康房典型设计图集》《贵州省农村小康房建设指引》等一系列与农村小康房建设相关的政策文件，为农村小康房的建设提供了政策法律基础。据统计，2016 年，贵州已建设近 3 万户的小康房，其中贫困地区小康房建设 1 万户，累计完工 2.88 万户①。农村小康房的建设，改善了农民的居住环境，使农民的生活条件得到了质的飞跃，为农村群众筑起了美丽温馨的家。

（四）农村电力基础设施建设

贵州农村电路网络已基本建成，全省已经基本实现“村村通”。目前，贵州正在全力实现所有村、户的电力设施建设的工作，对于电荷不足的地方，增大其电容量。据贵州省电网公司的相关报告显示，2016 年，贵州开工小康电项目累计 1666 个，其中，新增 110 千伏和 35 千伏主变 60 台，新增 110 千伏和 35 千伏主变容量 168.6 万千伏安，新增无功补偿设备 255 兆乏；建成 35 千伏和 110 千伏线路 1064 千米；新建、扩建 110 千伏和 35 千伏变电站 53 座。2016 年，贵州已累计投资小康电

① 王璐瑶．贵州：六项行动铺坦途 美丽乡村入画来［N］．贵州日报，2017-02-13.

37.8亿元，同比增长5.68亿元①。当前，贵州省农村电网得到了有效完善，增加了供电能力，从根本上改善了农民生活用电的问题。贵州农村电力基础建设的不断完善，也为贵州农村经济的发展提供了保障，在一定程度上改善了农民的生活条件。

（五）农村通信基础设施建设

近几年，贵州农村通信基础设施正在逐步建成和完善，并取得了很大的成就。农村通信为农村带来了通向致富的信息高速路，也使农村与城市的差距不断地缩小。当前，贵州已实现了所有行政村镇通电话，并且由于贵州网络覆盖率占比大，移动电话的普及率也在大大提高。2014年以来，全省各地有关部门奋力推进农村通信基础设施建设会战各项工作，成效显著。据贵州省通信管理局的数据显示，贵州2016年对“小康讯”的投资累计为8.44亿元，完成了全省4190个“建档立卡”贫困村的通信网络优化，实现了信号的全覆盖。与此同时，在5380个行政村实施了光纤网络覆盖和4G网络覆盖的国家电信服务试点项目，使全省行政村光纤比例和4G网络覆盖的比例分别达到了73%和89%②。农村通信基础设施的建设，不仅为农民带来了通向致富的信息道路，而且丰富了农民的生活，为农村的发展打下了坚实的基础。

（六）农村小康寨建设

目前，贵州农村小康寨建设已初步完成，建成了一系列旅游村寨。据统计，2013年启动至2015年底，全省累计投资77.61亿元，建设

① 王璐瑶．贵州：六项行动铺坦途 美丽乡村入画来［N］．贵州日报，2017-02-13.
② 王璐瑶．贵州：六项行动铺坦途 美丽乡村入画来［N］．贵州日报，2017-02-13.

“三改三治”及庭院硬化155.5万户、垃圾收集处理980个、文体活动设施项目7619个、污水处理项目1.3万个、照明设施27.2万套①。截至2016年底，全省小康寨已累计投资229.38亿元，项目累计覆盖1400多个乡（镇、街道办事处）、3.45万个自然村寨，803万人直接受益②。贵州根据下属各个地区的不同特色，建成了各具特色的农村寨，如黔北、黔南民居，黔东南少数民族聚居区等的建设都各具特色，为贵州形成了一系列旅游景色，促使当地的旅游业快速发展起来，给当地居民带来了收入，优化了当地农民的生活条件。与此同时，农民有休闲娱乐的场所，精神文化更加丰富多彩。

第二节　贵州基础设施融资取得的主要成效

基于经济学产业梯度转移理论，内陆地区囿于所处地理位置、交通条件、经济发展水平等因素，始终处于产业转移的末位③。新时代国家经济继续保持平稳与高质量发展，不仅取决于沿海地区外向型的经济发展模式，更重要的是补齐内陆地区发展短板，走内陆开放发展的路子④。贵州位于我国西部内陆地区，无论是经济发展水平还是基础设施

① 周强，王珩．贵州“小康寨”建设让150多万农户受益［EB/OL］．（2017-06-16）［2017-10-22］．http：//news. xinhuanet. com/politics/2015-12/19/c_ 128547748. htm.

② 贵州省“四在农家·美丽乡村”基础设施建设六项行动计划发展报告［EB/OL］．（2017-02-13）［2017-10-22］．http：//jiangsu. china. com. cn/html/2017/gznews_ 0213/9282369. html.

③ 谭志雄．中国内陆开放高地建设探索——以重庆市为例［J］．经济问题探索，2011（10）：43-47.

④ 王骏．论内陆开放模式创新的指向［J］．西南大学学报，2014（02）：68-76.

建设均远远落后于其他发达地区。近年来，随着国家对西部贫困地区的政策倾斜以及本地经济建设改革的不断推进，贵州作为继宁夏之后国家设立的第二个内陆开放型经济试验区，基础设施建设取得了很大的成效，主要涉及基础设施融资环境、金融机构改革、招商引资、政府作用发挥、农村基础设施融资五个方面。

一、逐步完善融资环境，内外活力双向迸发

在内陆开放的背景下，融资环境既是贵州融通内外部资金的重要依托，也是投资主体预判贵州基础设施领域投资潜力的衡量标准。综合来看，融资环境对当地基础设施融资问题的缓解、开放型经济的发展、内陆开放高地的建设均发挥着举足轻重的作用。近年来，贵州内陆开放型经济试验区不断改善基础设施融资环境，为解决当地基础设施“融资难”“融资贵”的问题提供了新的契机。基于基础设施固有的建设周期长、投资额度大、收益见效慢的特征，基础设施融资环境成为各主体评判项目是否具有投资价值的重要参考依据。通过梳理贵州内陆开放型经济试验区基础设施建设的相关资料，可以明显发现当地高度重视基础设施融资并取得了明显的成效。贵州内陆开放型经济试验区从政策引导落实国家及区域基础设施融资体制改革意见、加大基础设施建设资金投入、积极探索创新基础设施融资模式三个方面推动基础设施融资环境的逐步完善。现如今，各项措施颇有成效并吸引了国内外诸多投资主体聚焦于当地基础设施领域，相信在不久的将来，当地基础设施融资的问题在很大程度上可以得到解决。

在政策引导方面，贵州内陆开放型经济试验区始终肯定基础设施建

设对经济社会发展的基础性作用，并深入贯彻落实系列体制改革意见。2014 年贵州省政府发布了《关于加强城市基础设施建设的实施意见》，建议采用资产证券化的方式整体或部分转让现有的基础设施国有存量资产，并将变现的资金统筹运用于基础设施建设①。此外，依据《中共中央 国务院关于深化投融资体制改革的意见》（中发〔2016〕18 号）、《中共贵州省委、贵州省人民政府关于深化投融资体制改革的实施意见》（黔党发〔2017〕17 号）等文件，在全面分析当地实际情况的前提下，发布了《贵州省人民政府关于深化交通基础设施投融资体制改革的指导意见》（黔府发〔2017〕15 号）以助力基础设施融资体制改革②，并且为基础设施投资建设提供政策保障，优化了当地基础设施环境。

在资金投入方面，"绿水青山就是金山银山"的发展理念已经深入人心，从贵州固有的自然资源着手，为黔山秀水铸牢守护根基——贵州投资千亿元建设环保基础设施促进环境改善。贵州紧抓当地生态环境建设，致力于补齐环保基础设施短板，在结合当地发展实际状况的基础上从环境信息化建设、重点区域综合治理、清洁能源供应三个方面展开工作。据统计，截至 2017 年底，贵州投资千亿元、建成并投入运营 4053 个项目，在很大程度上改善了全省的环境质量。据《2017 年贵州省环境状况公报》显示，2017 年贵州环境质量总体较为优越，全省 88 个市（县、区）优良天数平均比例为 97%；全省地表水水质、集中式饮用

① 许可．贵州省城镇化建设投融资效率研究［D］．贵阳：贵州财经大学，2017.

② 周维．贵州省金融发展与经济增长关系的实证研究［D］．贵阳：贵州大学，2015.

水、水源地水质均达到优良标准①。资金的大量投入反映了当地政府对生态环境的重视，在改善环境的同时，也向各大资金主体伸出了项目投资的橄榄枝。

在融资模式探索方面，贵州内陆开放型经济试验区与时俱进、开拓创新出系列发展模式。2016 年以来，国开行紧紧围绕农村基础设施建设难点和短板，探索出了一条既不增加地方财政负担，又能有效解决贫困地区公益性扶贫项目融资难、融资贵问题的途径，通过整合政府资金资源、撬动信贷资金贷款支持贫困地区农村基础设施建设。该模式在贵州内陆开放型经济试验区推行过程中，坚持因地制宜、精准施策的原则，不断深化银政合作，推动地方政府整合资源，最终形成了一种“能复制、可推广”的融资模式，并取得了明显成效。截至 2017 年 3 月，国开行累计发放贷款高达 70 亿元，农村基础设施扶贫项目贷款承诺额达 414.4 亿元，覆盖了贵州全省 50 个国家扶贫开发工作重点县、惠及了 3400 余个建档立卡贫困村、救助了 251.2 万建档立卡贫困人口②。这一融资模式的探索和推行使得财政政策对金融资源的支持和引领作用充分体现，为当地解决基础设施融资问题、逐步实现脱贫攻坚提供了有力的支撑。

此外，贵州基础设施融资过程中致力于盘活内部资源，六盘水市探索出“资源变资产、资金变股金、农民变股东”的“三变”经验和普

① 为黔山秀水铸牢守护根基——贵州省投资千亿建设环保基础设施促进环境改善［EB/OL］.（2018-07-15）［2018-08-12］. http：//www.huanbaojs.com/xinwen/hbxw/2018-07-15/55789.html.

② 贵州：破解基础设施融资瓶颈 打通乡村“致富路”［EB/OL］.（2017-03-14）［2018-08-09］. http：//www.financialnews.com.cn/qy/qyjj/201703/t20170314_114273.html.

定县秀水村“秀水五股”模式并取得了显著的成效。六盘水市积极践行以人民为中心的发展思想，在村集体领导的组织下通过把各类资源、资金以合法恰当的方式评定其价值后，以协议或者合同的方式兑换成代表股权的资产入股投资企业、合作社及其他经济组织。“资源变资产”中的资源指代确权的集体资源，如耕地、林地、草地、集体建设用地等；“资金变股金”中的资金主要是指各级财政投入的村发展类资金；“农民变股东”则是主要为农民转换身份，成为股权投资人。“三变”改革以股权为纽带，充分协调了不同市场主体的利益，促进了市场竞争力较弱的农民增收与贫困户脱贫，整体上促进了农业增效、农民增收、农村增绿，切实提高了广大农民的收入水平与投资能力，在一定程度上为当地基础设施建设提供了资金支撑。基于此，2016 年“三变”改革经验在贵州 21 个县、140 个乡镇、1015 个行政村进行试点推广；2017 年在贵州全面推开。与此同时，继 2017 年、2018 年连续两年被写入中央一号文件后，“三变”改革又被写入中共中央、国务院印发的《关于打赢脱贫攻坚战三年行动的指导意见》①。诸多实践证明，贵州“三变”改革经验具有一定的推广价值，确实有助于改善农村贫困的发展状况，有助于为基础设施建设盘活民间资本。

企业家代表、贵州兴伟集团董事长王伟探索出走出黔中贫困山区，赶超式扶贫、跨越式小康的乡村改造之路——“秀水五股”精准扶贫模式，五股即秀水村民人人都有股的“人头股”，占股 10%；入股土地每分有一股的“土地股”，占股 30%；公司员工劳动所得收益，参与公

① 刘韬．贵州农村“三变”改革经验又一次写入中央文件［N］．贵州日报，2018-08-05（001）．

司劳动者都有股的“效益股”，占股30%；百善孝为先，孝亲在当前，凡是秀水村65岁以上老人平等享有的“孝亲股”，占股5%；积少存多谋发展，为秀水可持续发展提供后续资金的“发展股”，占股25%。这一模式在贵州兴伟集团与普定县秀水村人民达成共识之后，结合当地的实际资源情况，有序地推进精准扶贫工作，并且取得了显著成效。“秀水五股”产业帮扶脱贫模式，使秀水村成为贵州全面推广的“千企帮千村”的示范引领者。这一举措值得贵州其他地区学习借鉴，对于农村土地资源的高效利用、人力资源的充分挖掘以及地区经济发展、基础设施融资都发挥着至关重要的作用。需要注意的是，“秀水五股”模式有其推行的支撑，如文化旅游支撑、特色农业产业支撑、传统村落休闲产业支撑、村庄绿化美化支撑等①。这一现实从侧面反映了各类创新发展模式离不开相对完善的基础设施建设。与此同时，通过积极推行各类创新发展模式又可以促进当地经济的发展，营造良好的基础设施环境，为基础设施融资提供资金支持。

二、地方金融改革逐步推进，地方金融机构得到优化

在科技革命与投资自由化双轮驱动的发展背景下，产业格局得到深度调整，内陆开放被推上前沿。毋庸置疑，金融业需要在这场深刻的变革中担当重任②。金融是维持整个经济系统稳定运行的重要因素，金融体系的完善关乎着经济发展的命脉。推动地方金融改革，做优做强地方金融机构为贵州内陆开放型经济试验区基础设施融资提供了资

① 高守应．从“秀水五股”看产业帮扶脱贫新路径［N］．贵州日报，2017-03-29（006）．

② 罗小明．关于金融助推内陆开放的思考［J］．国际金融，2012（10）：8-13.

金基础。近年来，贵州狠抓金融工作，紧紧围绕大扶贫、大数据、大生态三大战略主动适应经济新常态，始终致力于金融行业的开放创新、大力发展绿色金融和普惠金融、不断做优做强地方金融机构，为当地基础设施建设提供了资金支撑，为当地经济的发展做出了突出的贡献。

在政策引导方面，贵州内陆开放型经济试验区进一步贯彻执行《国务院关于印发推进普惠金融发展规划（2016—2020 年）的通知》（国发〔2015〕74 号），结合地区金融发展实况发布了《普惠金融发展实施方案（2016—2020 年）》以推动当地普惠金融发展。此外，2016 年贵州省政府办公厅还印发了《支持我省地方金融机构“五个全覆盖”工程实施方案》，旨在通过引导金融机构的全覆盖，实现基层金融服务的不断优化、基础金融服务的不断完善、普惠金融服务广度和深度的不断拓展，最终构建起多层次、广覆盖的普惠金融组织体系。方案中明确支持贵州银行、贵阳银行、村镇银行以及政策性融资担保机构实现县域全覆盖；贵州股交中心实现市州全覆盖。该方案现阶段已取得初步成效，在一定程度上使当地助农取款服务村级覆盖网络不断巩固、城镇中小微企业和居民金融服务的便利性大幅度改善、对特殊群体的无障碍金融服务逐步完善，并推动行政村实现更多基础金融全覆盖，使得最广大的人民群众共享金融改革发展成果。

在政策推行方面，近年来，贵州积极推动各项金融政策的落地，做优做强地方金融机构，主要体现在以下几个方面：一是推动本地金融机构之间以及基础设施融资主体与金融机构之间的深度合作。“合作共赢”的发展理念已经逐步深入贵州金融体制改革的方方面面，贵州省相关部门积极引导金融机构之间以及融资主体与金融机构的高度融合并取得显著成效。例如，贵州积极推进国开行贵州省分行与其他银行类金融机构深度合作，致力于降低基础设施融资主体的贷款成本。此外，以镇远县为例，2015 年共编制重大融资项目 22 个，涉及投资总额达 68.48 亿元，拟申请贷款 41.23 亿元。与此同时，镇远县向农业发展银行省分行、工商银行凯里分行申报贷款，圆满完工了芽溪新区土地整治项目、县旅游基础设施二期建设、镇远中学迁建项目。镇远县在基础设施融资过程中与各金融机构密切联系，切实缓解了当地融资难、融资贵的问题①。二是致力于规范发展各类新型金融机构和组织。积极探索新型农村合作金融发展的有效途径与小额贷款公司整顿清理两手抓，稳步扩大金融机构覆盖面，在一定程度上打通了金融服务的“最后一公里”。三是充分发挥保险公司资金和保障优势。保险公司推出的一系列涉农业务在一定程度上的确可以助力广大农民经济水平的提高，为其从事农业劳作提供保障。近年来，贵州着力推广省内政策性涉农保险业务，使得本地的政策性涉农保险品种数量大幅度增加、保障额度不断提高，诸多贫困人口从中受益。四是积极创新普惠金融产品和服务手段。贵州致力于新型金融机构的建设，因地制宜地提出了一系列举措，推出了新型金融机构担保方式，如知识产权、股权、动产等；政策性金融产品如“黔微贷”“创业担保贷款”“贵园信贷通”；金融扶贫产品如“美丽乡村贷”“电商贷”等，在很大程度上使得各主体受益于其中。五是积极拓展本地金融服务的广度与深度。贵州依托“大数据”战略

---

① 镇远县政府办公室．镇远县多渠道狠抓融资引资初见成效［EB/OL］．（2015-09-28）［2018-05-12］．http：//www.gzgov.gov.cn/xwzx/201509/t20150928_ 339359.html.

推行的优势，推动金融机构与云计算、人工智能、区块链等前沿科技的融合；推进金融机构与本地企业的智能化合作并取得显著成果。六是完善金融机构服务规范与风险监督体系。贵州全方位致力于地方金融机构的组织建设、能力建设、内部监管与外部监管建设并行，切实增强了本地金融机构作用的发挥，并在很大程度上防范了区域系统性的金融风险①。

在资金投入方面，贵州内陆开放型经济试验区金融机构稳步加大对基础设施项目的资金投入。贵州积极推进地方金融改革，不仅涉及指导意见发布、政策推行落地，更重要的是在对金融改革的资金投入方面。近年来，随着国家政策的倾斜和地方政府的高度重视，地方金融机构不断改革完善。2017 年，省财政厅共拨付超过 20 亿元资金引导金融机构支持实体经济；前三季度金融业实现增加值 596.87 亿元，同比增长 12.7%，高于全省 GDP 增速 2.6 个百分点，占全省 GDP 比重达 6.3%②。此外，贵安新区绿色金融改革创新试验区的设立使得贵州金融发展迎来了重要机遇。放眼全球金融发展局面，绿色金融风头正盛。贵州作为生态旅游胜地，最亮丽的“底色”便是绿色，贵州金融发展的足迹也是始终以绿色为主打色。贵州贯彻落实绿色金融发展理念，做强做大金融机构指日可待。从目前来看，贵州省政府专注于把绿色金融作为一项重要的市场化制度安排，逐步完善绿色金融支持体系并积极引导各类社会资金注入绿色产业，不仅助力当地经济转型发展，而且推动

① 贵州省人民政府办公厅. 省人民政府办公厅关于印发贵州省推进普惠金融发展实施方案（2016-2020 年）的通知［EB/OL］.（2018-01-12）［2018-05-12］. http://www.guizhou.gov.cn/xwdt/djfb/201801/t20180112_1090337.html.

② 贵州省 2017 年财政支持普惠金融发展工作总结［EB/OL］.（2013-12-04）［2018-05-12］. http://jrs.mof.gov.cn/zxzyzf/phjrfzzxzj/201802/t20180206_2806154.html.

了当地金融行业的绿色改革，在一定程度上也为当地基础设施建设提供了资金支持，可谓是一举多得。据悉，兴业银行贵阳分行于 2014 年在贵州省成立系统内首家生态支行，累计提供绿色金融资金 120 亿元，并充分表现出利率低、期限长、审批快的特征，实例证明了绿色金融差异化授权政策的科学性与实用性。截至 2016 年末，贵州金融支持环保及服务项目高达 836 个，贷款余额高达 1400.8 亿元，这一实例论证了贵州绿色金融理念的逐步落地。与此同时，贵州积极鼓励银行类金融机构发行绿色金融债券，贵州银行发行了 80 亿元、贵阳银行发行了 50 亿元绿色金融债券①。站立绿色金融发展潮头，贵州争做时代的弄潮儿并取得了显著成效，不仅做优做强了地方金融机构，而且为贵州内陆开放型经济试验区的发展提供了无限可能。

三、借助“投资”拉动效应，招商引资成为重要“抓手”

对外开放作为内陆地区加快发展的强大动力，有利于全球资源的高效配置、区域差异的逐步缩小和发展活力的充分激发②。就贵州而言，基于经济发展先天条件贫乏、后天发展起步较慢，加之经济发展内生动力不足的原因，基础设施融资需要借助外力、积极地进行对外开放以解决基础设施融资难题。近年来，贵州致力于招商引资，以大额资金助力基础设施建设，招商引资已经成为贵州扩大基础设施融资规模、加速发展的重要“抓手”。值得一提的是，贵州秉承着“饥却择食”的原则，

---

① 田洋．国务院决定在贵安新区建设绿色金融改革创新试验区［N］．贵州日报，2017-06-17（003）．

② 张新平，胡西武．扩大内陆开放形势下民族地区发展开放型经济的路径选择——以湖北省恩施州为例［J］．湖北民族学院学报，2014（06）：53-56．

并没有因为基础设施建设对资金“如饥似渴”而不加选择地引进项目，始终坚持保护当地人民生活环境、维护当地人民合法利益的底线，积极地开展招商引资活动。

在政策引导方面，贵州致力于相关政策的贯彻落实，积极营造优越的政策环境吸引外资。由于内需动力不足，贵州经济发展属于典型的“投资拉动型”经济发展地区。2017 年以来，在省委、省政府的高度重视和高位推动下，省投资促进工作牢牢守住发展和生态两条底线，紧紧围绕“大扶贫、大数据、大生态”三大战略行动和供给侧结构性改革，全力推进产业招商、招大引强，为当地经济持续增长、基础设施融资积蓄了新的动力①。

在基础设施项目招商引资方面，2015 年，贵州积极创新融资模式，探索出“股权合作+效益动态调整”的方式，为瓮马铁路建设成功吸引了社会资本，完成了首个以 PPP 模式自建自营的地方铁路项目。2016 年 6 月，贵州出台了《省人民政府关于加快铁路建设的意见》，从制度层面对 PPP 模式的推广、融资方式的创新作出了安排②。2017 年 1 月，贵州贯彻执行《中国人民银行关于全口径跨境融资宏观审慎管理有关事宜的通知》，由贵州外汇管理部门组织召开会议为企业搭建起银企对接平台，鼓励企业充分利用“两个市场、两种资源”，在一定程度上缓解了贵州企业“融资难、融资贵”的问题。与此同时，随着贵州内陆开放型经济试验区的设立以及“大数据”的快速发展，招商引资趋势

① 杨静．项目引进持续增长 招大引强卓有成效——2017 上半年贵州招商引资运行态势分析［N］．贵州日报，2017-07-31.

② 刘力维．贵州省举行铁路项目招商引资大会暨签约仪式［N］．贵州日报，2016-07-19（001）．

而上，以“大数据”引领大发展，以“大数据”为按钮触动发展商机为当地的招商引资提供了契机。在政府领导以及各个部门的通力配合下，贵州在大数据领域率先规划了与大数据密切相关的各类试验区，如大数据产业技术创新试验区、国家大数据（贵州）综合试验区等；建设了各类实验室，如大数据资产评估实验室、大数据战略重点实验室等；开展了相关会议，如大数据产业国际博览会等①。此外，在政策引导过程中，贵州高度重视对人才的引进，各类优惠政策、各种人才校园及网络招聘井然有序地开展。在这些政策的引导下，贵州招商引资工作如火如荼地展开。

在资金引入方面，贵州积极开展招商引资活动且效果显著。纵观贵州招商引资的成果，早在2003年，由于全省上下齐心贯彻落实科学发展观，着力构建完善的开放格局，引进外资数额首次突破了百亿元。两年后引资数额便突破了200亿元，2018年再次突破500亿元，使得国内外一大批优强企业落户贵州，为促进全省经济社会发展历史性跨越做出了积极的贡献②。此后，招商引资对贵州经济发展的影响可以说是与日俱增，逐渐成为贵州扩大基础设施融资规模、加速发展的重要“抓手”。贵州省投资促进局局长季泓提到，“贵州经济发展主要动力来自投资。2010—2014年，全省通过招商引资，共引进项目8000多个，引进合同投资总额将近4万亿元，累计到位资金将近2万亿元，有力地支撑了贵州投资持续快速增长。2015年以来，贵州主要是在做大总量、

① 刘志强．贵州大数据：从招商“引资”到招商“引智”［N］．科技日报，2016-03-02（007）．

② 卢启伦．招商引资是实现贵州经济社会发展历史性跨越的必然选择［J］．理论与当代，2019（11）：8.

做优增量、盘活存量、提高质量、培育和挖掘贵州自身潜力方面下功夫。通过努力，全省总体新引进项目数和合同投资额、新增到位资金均实现逆势而上，均保持两位数增长①”。贵州省委、省政府高度重视招商引资工作，并把产业大招商作为推动全省经济又好又快持续发展的重要手段，着力优化营商环境，大力推动招商引资工作的开展。2018 年 4 月 16 日，贵州铜仁·河南郑州招商引资推介会暨项目签约仪式在郑州举行，贵州省河南商会和铜仁落地企业代表现场签约了 13 个项目，资金高达 57.15 亿元②。与此同时，贵州内陆开放型经济试验区不断深化与省外、境外的经贸合作，官方统计数据显示，2016 年、2017 年贵州引进省外到位资金分别为 8086 亿元、8806 亿元；2018 年上半年引进省外投资项目 5722 个，引进省外到位资金 5611.9 亿元③。由此可知，贵州相关部门对招商引资的重视，形成了基础设施融资规模不断扩大、社会经济发展水平不断提升的乐观局面。

四、政府逐渐退出基础设施竞争领域，社会资本活力释放

近年来，贵州作为欠发达的内陆地区，在推动开放型经济发展的过程中坚持把释放区域内社会资本活力作为重要的着力点。随着内陆开放理念的进一步深化和相关政策的逐步落实，贵州基础设施融资过程中地方政府逐渐退出竞争领域，在一定程度上有利于构建对内开放的发展格

① 岳振．招商引资逆势而上助力经济增长——访贵州省投资促进局局长季泓［J］．当代贵州，2015（24）：20.

② 王安宏．2018 年贵州铜仁·河南郑州招商引资推介会暨项目签约仪式在郑州举行［N］．铜仁日报，2018-4-18（001）．

③ 贵州开放型经济建设成效显著 五大亮点引领［EB/OL］．（2018-09-10）［2018-09-14］．http：//www.chinanews.com/cj/2018/09-10/8623711.shtml.

局、盘活大量闲置的社会资本以及缓解基础设施融资难题。纵观我国基础设施投融资体制的演变历程，以市场经济体制的确立为转折点，主要经历了从单一的投融资体制向市场化、多元化的投融资体制过渡的过程。但是，在这一过程中我们可以明显地发现政府始终处于主体地位①。当然，贵州也不例外，鉴于基础设施建设自身固有的特征，如果放任自流，后果肯定不堪设想。政府作为监管者可以调节“市场失灵”。因此，在基础设施建设领域，政府作为主体，始终居于竞争领域的绝对主导地位。但是，随着社会进程的不断推进，无数事实证明政府也存在失灵的状况，许多情况下，政府过多的干涉可能会导致事倍功半，甚至适得其反。在新的发展阶段，国家以及贵州内陆开放型经济试验区不断深化基础设施融资体制改革，积极致力于政府的简政放权与企业主体地位的强化，并取得了显著成效。事实证明：政府逐步退出竞争领域有助于缓解贵州内陆开放型经济试验区基础设施融资问题。

在体制改革方面，2013 年以来，贵州省发展和改革委员会就政府简政放权多次修订投资项目核准目录，旨在扩大企业投资自主权，促进企业投资便利化。这些举措在一定程度上也发出了贵州不断深化改革、简政放权的信号，引导了企业预期。从体制改革的推行实际状况来看，目前已经取得了很大成效，各大投资主体正在享受着改革所带来的政策红利。随着政府逐步地退出竞争领域，民营经济迎来了跨越式大发展、大机遇。贵州内陆开放型经济试验区积极实施民间投资项目改革试点攻坚行动，省发展改革委会同有关部门制定印发的《贵州省扩大民间投资三年攻坚行动计划（2017—2019 年）》中明确指出

① 张浩良．英国投融资体制政策要点及对我国的启示［J］．海南金融，2016（07）：38-42.

2017—2019年全省民间投资分别完成6600亿元、8500亿元和1万亿元以上，占全省固定资产投资比重分别达42%、46%和50%以上。并且在教育、医疗卫生、健康养老、体育、文化等领域选择2~3个重点项目，实施重点行业民间投资改革试点计划；在传统基础设施"6+1"领域分别选择1~2个重点项目作为优先考虑的民间投资进入的"PPP样板工程"，大力支持民间投资主体通过PPP模式参与基础设施和公用事业领域项目建设①。多元投资主体进入基础设施建设领域表明政府逐步退出竞争领域、基础设施建设领域的逐步市场化态势，符合现阶段贵州内陆开放型经济试验区基础设施融资要求，有助于解决基础设施融资问题。

在融资成效方面，随着贵州地方政府逐步退出基础设施建设竞争领域，基础设施融资取得了显著成效。例如，贵州社会事业领域企业投资项目审批制度的改革，由原来的核准制改为备案的举措在很大程度上激发了企业参与社会事业项目的热情。据悉，2014年仅贵州教育领域民间投资就同比增长了93.1%，高达46.94亿元。与此同时，通过简政放权，赋予了地方更多的经济自主权；随着政府逐步退出竞争领域，企业在基础设施领域的投资主体地位得到一定程度的确立，投资项目的准入门槛也随之降低。从2015年上半年来看，在贵州审批、核准、备案的6046个项目中，贵州省发展和改革委员会经办的项目仅65个，占比1.08%②。这一体制的改革，切实降低了企业投资基础设施建设领域的

---

① 贵州省发改委. 贵州出台扩大民间投资三年攻坚行动计划 [EB/OL]. (2017-09-30) [2018-09-14]. http://www.trsnt.com/Item/Show.asp? d=2963&m=1.

② 张颖涛，吴承坤. 为各类投资主体创新创业提供广阔发展空间——就简政放权专访贵州省发展改革委主要负责人 [N]. 中国经济导报，2015-08-07 (A004).

门槛，充分调动了企业进行基础设施建设的投资兴趣、切实缓解了贵州基础设施融资的困境。

五、农村基础设施融资参与主体多元化

农村基础设施是农村社会经济发展和农民生产生活所需要的公共服务性设施总和（主要包括生产性设施、生活性设施、人文交流服务设施、流通性服务设施四种），是农村社会经济发展的“先行资本”。它具有服务的公用性和准公益性、效益的间接性和综合性、整体性和协调性、长期性与周期性等特征①。要找到造成当前贵州农村基础设施融资困局的原因，就需要找出当前与农村基础设施融资有关的各个利益主体，并分析其行为逻辑。一般来说，农村基础设施融资的利益主体拥有以下几种权力：第一，因为农村基础设施建设的利益主体是农村基础设施投资主体，所以拥有基础设施的投资决定权；第二，农村基础设施建设的利益主体是责任承担人，需要承担投资带来的政治、经济、法律、社会道德等风险和责任；第三，农村基础设施建设的利益主体是利益获得者，享受投资带来的收益②。综合来看，政府机构、金融机构、农村集体、企业组织和农户家庭是目前贵州农村基础设施建设融资的五大主要参与主体。

（一）政府机构投资

国内外实践证明，由于农村基础设施兼具公益性和准公益性，一直

---

① 晏强．粮食主产区农村基础设施投资效果研究［D］．长春：吉林大学，2014.

② 贺雪峰，郭亮．农田水利的利益主体及其成本收益分析［J］．新华文摘，2010（19）：48-51.

以来政府财政资金支持都是贵州农村基础设施融资的主要来源。农村基础设施一直秉持以政府为主体划拨财政资金进行投资。政府是贵州农村基础设施投资的主力军。在众多的农村基础设施投资主体中，政府所起的投资作用非常明显，尤其是在一些大型设施建设中。例如，“乡乡通油路，村村通公路”项目上，政府就是该项目的主要投资人。又如，六盘水市将财政投入农村的生产发展类资金、农业生态修复和治理资金、农村基础设施建设资金等量化为村集体或村民的股金，集中入股经营主体，按股比获得收益。2014 年以来，共整合各类财政资金 2.74 亿元集中入股经营主体①。政府在农村基础设施领域的投资是全方位的，包括大多数的基础设施项目。只要是属于政府建设部分，贵州省各级政府就会去进行投资建设，如通信、交通、饮水、供电、教育和文化等生活服务基础设施。

（二）金融机构贷款

近年来，金融支持是农村基础设施融资一个不容忽视的方面。金融机构借款成为贵州农村基础设施融资的主要融资方式之一。在具有涉农贷款业务的金融机构中，中国农业发展银行、国家开发银行等政策性银行支持农村基础设施融资，对贵州农村基础设施建设投资的力度不断加大，主要投放于支持农村交通、能源、水利工程、饮水、教育卫生医疗等领域。

1. 农业发展银行贷款

贵州农村基础设施建设成为农业发展银行（简称农发行）的重点

---

① 李再勇．推进“三变”改革 探索扶贫新路——在 2015 减贫与发展高层论坛产业扶贫论坛上的发言［EB/OL］．（2015-10-16）［2019-09-18］．http：//www. gzlps. gov. cn/rdzt/zybzczjb-gjnmbgd/ldjh/201609/t20160920_ 942589. html.

支持对象。农业发展银行贵州分行2014年全年投放资金共计256.67亿元，同比增长54%；当年期末贷款额为562.3亿元，较年初增长20%。农业农村基础设施中长期贷款额为199.32亿元，较年初增长104亿元。从政策性中长期贷款投向看，新农村建设贷款额为107亿元，农村公路贷款额为61.47亿元，农村水利贷款为13.64亿元，分别占中长期总贷款额的53.7%、30.8%和7%，三项占比超过90%①。此外，农业发展银行贵州分行在“十二五”与“十三五”期间总体授信500亿元支持贵州农村公路建设②。2015年9月，农发行与贵州省交通厅签订农村公路合作框架协议，旨在支持贵州县乡公路改造与提级，包括通乡公路、桥梁新建等项目建设。省交通厅推荐农村公路重点建设项目投融资信息给农发行贵州分行，使其能够尽早地介入符合合作范围的融资项目，优先办理并予以信贷支持。2016年5月底，农发行贵州分行贷款规模达1057亿元，较年初增长11%③，主要投入贵州粮食安全、水利、棚改、农村公路等农业农村基础设施项目建设，支农信贷资金创历史新高。

2. 国家开发银行贷款

近年来，贵州农村基础设施建设作为国家开发银行（简称国开行）的重点扶持领域，很多地区都得到不同程度的贷款支持。例如，2016年以来，国开行贵州分行围绕农村基础设施建设的难点和短板，探索出了通过整合政府资金资源、撬动信贷资金支持贫困县农村基础设施的融

① 潘德鑫．贵州农村基础设施建设成农发行信贷支农重点［EB/OL］．（2015-2-24）［2017-11-16］．http：//gz. people. com. cn/n/2015/0224/c194827-23973934. html.

② 杨绍帆．农发行贵州省分行授信500亿元支持贵州农村公路建设［N］．贵州日报，2015-09-19.

③ 田洋．金融活水润“三农”同步小康添动力［N］．贵州日报，2016-06-23.

资模式。又如，2015 年 7 月，黄平县启动农村基础设施建设项目。项目总投资 12.18 亿元，国开行提供中长期贷款 9.7 亿元，建设道路全长近 2300 千米，建设标准为四级公路，将串联起 11 个乡镇的 200 个村组。2016 年 8 月至今，国开行贵州分行农村基础设施扶贫项目贷款承诺额达 414.4 亿元，覆盖贵州 50 个国家扶贫开发工作重点县，惠及 3400 余个建档立卡贫困村、251.2 万建档立卡贫困人口，截至目前，累计发放贷款逾 70 亿元①。

（三）农村集体投资

在贵州农村社会中，农户集生产经营与消费于一体，是最主要的经济主体。基础设施主要围绕农户的一系列农业生产行为。在所有的农村基础建设投资主体中，农村集体集资也占据重要地位。因为农村集体投资具有地利优势，集体投资在农村中的地位不可动摇，所以集体投资可以使农村基础设施建设的投资效率更高，质量也更过硬。改革开放以来，贵州农村经济快速发展，使贵州农村集体经济有了一定的实力，从而逐渐加入其所在的地方基础设施建设事业中。其投资项目主要包括道路、灌溉、饮水、公共休闲。贵州一些比较干旱且需要灌溉的地区，大多数都有比较简单的水利灌溉小工程。这些基础设施大多数都是由农村集体共同出资和投入劳动来修建完成的。但是稍微大一点的水利灌溉和道路修建一般都是在一些经济条件比较好的农村集体才能完成建设②。我们在调研中发现：推动农村基础设施投资离不开大量的资金支持，如

---

① 傅宏．贵州：破解基础设施融资瓶颈 打通乡村“致富路”［N］．金融时报，2017-03-14.

② 匡远配，曾福生．农村基础设施建设的投资模式选择［A］．中国农业技术经济研究会 2008 年学术研讨会［C］．2008：127-132.

何把资金整合起来，用在刀刃上、投在关键的基础设施上是贵州一些农村集体面临而且必须解决的重大课题。

（四）社会资本投资

社会资本投资参与贵州农村基础设施融资不仅可以弥补政府失灵，而且能减轻政府负担。社会资本是以营利为目的的组织，所以其是否投资贵州农村基础设施就是要看这项投资是否能给其自身带来收益和利益。社会资本出现在贵州农村基础设施建设领域的原因是它能够节省农村基础设施融资成本，也是贵州农村基础设施融资最重要的市场主体。社会资本在贵州农村基础设施的投资活动改善了当地居民的生活服务质量，提高了生产效率。社会资本参与贵州农村基础设施建设融资，能让社会资本与农户实现“双赢”。一方面，可以实现社会资本（企业）生产的产品的就地消费，直接为社会资本（企业）带来利润；另一方面，社会资本参与贵州农村基础设施建设融资，也加快了城乡一体化进程，给贵州农户带来了实实在在的好处。例如，为了抢占市场份额，移动、电信、联通等企业在一些偏远的农村也建设了基站，移动和电信的基站已经基本覆盖全贵州；在一些农村和小镇，社会资本投资水利、自来水、电力、公路、沼气、邮政、电信，享受收益权①。我们在调查中，发现一些社会资本也乐意进行农村基础设施投资。例如，在打造转山农旅一体化旅游村寨建设中，贵州某县 D 镇引进县城投公司、县水投公司等 4 家国有企业投入资金共计 1250 万元打造农旅一体化精品水果采

① 惠恩才．我国农村基础设施建设融资研究［J］．农业经济问题，2012（7）：63-69.

摘体验休闲山庄，采取“三变”① 模式进行建设，由该县的国有企业投资建设，涉及农户以房屋、庭院、果树等资源入股，部分有闲散资金的农户投入资金入股，根据投入资金所占比例进行分红。

（五）农户家庭投资

在贵州农村基础设施的融资过程中，政府、企业、集体也有失灵的时候。农户是贵州农村基础设施的需求表达主体，其投资刚好可以弥补这种“失灵”。他们最了解农村基础设施的情况，知道自己对基础设施的意愿和需求。贵州农村基础设施的状况与农户的利益息息相关，完善的农村基础设施是贵州农户期盼的目标，农户是农村基础设施建设的利益相关者。基础设施主要围绕农户的一系列农业生产行为来进行。在贵州一些比较落后的农村地区，农作物播种、收割所采取的方式比较落后。农用抽水机、稻谷收割机等购置一般通过村集体自愿筹资完成，或村级领导组织（如村委会等基层组织）向各家各户摊派资金。此外，各村镇修公路时因政府拨款不足，也会采取这样的方式。值得注意的是，农村基础设施建设筹资时，往往会出现“跟风”现象，农户的投资心理易受其他农户的影响，在周围农户多数出资的情况下，即使不知道筹资目的是什么，农户个人也会跟着出资。因为农村基础设施使得每个农户成为直接受益者，多数人都自愿支持投资。按照“谁投资，谁

① 全省 21 个县 193 个乡镇 1257 个行政村开展“三变”改革试点，试点县土地等资源入股 25 万，流转土地、林地等资源 44.85 万亩，农民宅基地及其他物权量化 5.16 万宗，141.84 万农民入股成为股东，入股农民人均获得收益 1170 元，帮助 11.1 万人脱贫出列。贵州“三变”改革成为全国农村改革样板，写入 2017 年中央一号文件，“三变”改革入选 2016 年贵州经济“十件大事”。资料来源：贵州省农委办公室．贵州省农业概况［EB/OL］.（2017-2-28）［2017-11-16］. http://www.qagri.gov.cn/zwgk/xxgkml/ghjh/201707/t20170727_2759527.html.

受益”的原则，运用“一事一议”财政奖补机制，贵州农户在家乡按照自己的需求进行基础设施建设，其主要投资包括小型水利灌溉、饮水、道路、沼气。他们的投资让自己的生活质量得到了一定的提升，大大方便了出行。在有一定经济基础的条件下，建设对当地农户有利的基础设施，贵州农户很乐意出资用于基础设施建设。投工投劳是当前贵州农户参与贵州农村农业基础设施建设与投资的主要方式，农户愿意以这种方式让自己的生活质量得到提高，让自己的生活更加便利。沼气是一种环保再生的新能源，在贵州政府的积极引导下，贵州一部分农民通过投工投劳，自己家中就有了沼气池①。据统计，“十二五”期间，铜仁市碧江区编制申报“一事一议”美丽乡村项目 728 个，项目总投资 1.39 亿元，其中群众投工投劳 40 万个，折资 2000 万元，项目覆盖全区 12 个乡（镇、办事处）、65 个行政村、463 个自然村寨，直接受益人口 10 余万人，实施道路硬化 828.72 千米，建设排污沟渠 30.53 千米，新建垃圾池 99 个，安排太阳能路灯 1192 盏，硬化活动场所 117960 平方米，建设引水沟渠 22200 米、保坎 14144 立方米、码头 4000 平方米、涵洞 30 米、公厕 11 座、休闲凉亭 18 座，绿化面积 7450 平方米，实施立面改造 590 户，安装环保垃圾桶 560 个，山塘整治 19600 立方米，建设文化长廊 150 米、风雨桥 1 座②。

除了上述农村基础设施融资模式，贵州农村基础设施融资模式还有国内外个人和单位的赞助、受益企业出资和集资捐款等其他投入。用于贵州农村基础设施建设的其他资金来源虽然名目繁多，但占贵州农村基

① 段磊．非营利性农村基础设施融资机制研究［D］．西安：西安科技大学，2011.

② 碧江：依托“一事一议”项目激活美丽乡村建设［EB/OL］．（2016-10-15）［2017-11-16］．http：//gz. people. com. cn/n2/2016/1015/c375231-29148175. html.

础设施建设资金总量的比例很小。

第三节　贵州基础设施融资存在的主要问题

多年来，贵州省政府积极推行相关举措，基础设施融资取得了显著成效。尤其是“十三五”以来，贵州积极扩大内陆开放，深度融入“一带一路”国家发展战略，缓和了基础设施供给与需求的矛盾。但是，机遇与挑战并存，开放背景和区位优势在一定程度上也使得基础设施融资问题进一步凸显。具体来看，内陆开放背景下，贵州基础设施融资问题主要体现在基础设施融资平台建设滞后、基础设施融资渠道单一、基础设施间接融资比重过大、基础设施融资的金融服务体系不健全、基础设施融资环境有待改善、农村基础设施融资存在的问题六个方面。

一、基础设施融资平台建设滞后

贵州在推动开放型经济发展的过程中，要求进行全方位、可持续的开放。然而，从基础设施领域来看，基础设施融资平台作为贵州基础设施建设的重要支撑，在内陆开放发展背景下存在的建设滞后问题越发明显。基础设施融资平台是指地方政府为了融资用于城市基础设施的投资建设，通过划拨土地等资产组建的城市建设投资公司、城建开发公司、城建资产经营公司等各种不同类型的公司①。近年来，贵州基础设施融资平台的确在推动基础设施建设、促进地方经济快速发展方面发挥了重要作用；但是随着现代化发展、内陆开放进程不断推进，基础设施融资平台建设过程中对开放政策的回应力度有待加强，且滞后问题越发明显，主要包括融资平台制度不规范引发的债务负担较重、隐藏的信用风险较大等问题。

从贵州内陆开放型经济试验区基础设施融资平台的负债规模来看，其呈现出负债规模基数大且在短时间内很难降低的趋势。据统计，截至2016年上半年，贵州共发行城投债券166只，债券余额高达2108.9亿元，约占财政收入的140%②。当年底，政府债务余额更是大幅度提高至8721.1亿元，债务规模可谓是非常大且债务率超过警戒线14.3个百分点，位居全国第一。虽然基础设施融资平台在一定程度上产生负债能够保证项目的正常运营，但是负债规模需要有一个适当的限度，持续过度，终会导致基础设施融资平台资不抵债的结果③。针对这种状况，2017年财政部下达贵州省政府限令，规定债务不得超过9276.5亿元，债务余额不得超过8607.15亿元。通过一系列政策推行，当年贵州省政府债务余额并未超过限额④。但是，贵州的负债率和债务率比值依旧很高。究其原因，贵州自身经济基础较差、融资内生活力不足，基础设施

① 李侠．地方政府融资平台的风险成因与规范建设［J］．经济问题探索，2010（02）：162-167.

② 许可．贵州省城镇化建设投融资效率研究［D］．贵阳：贵州财经大学，2017.

③ 疯狂的贵州债务，我国债券违约现状全揭秘［EB/OL］．（2017-10-30）［2018-05-12］．https：//www.sohu.com/a/201132052_465338.

④ 贵州省财政厅．贵州省2017年全省和省本级预算执行情况与2018年全省和省本级预算草案的报［EB/OL］．（2018-01-26）［2018-05-12］．http：//www.gzgov.gov.cn/ztzl/gzsczzjxxgkzl_1794/gzssbjczysjsgjf/201802/t20180222_1098659.html.

融资平台的大部分资金来源于政府财政支持和银行借贷。虽然近年来国家对西部地区的财政扶持力度增大，但是贵州历史欠账遗留问题较为严重，仅仅依靠财政资金很难满足当地基础设施建设的庞大资金需求。因此，银行类金融机构成为贵州进行基础设施建设的主要资金供给主体，土地资源成为基础设施融资平台获得出让收益和进行银行贷款的抵押资本。由于土地开发的成本大幅度提升，当地可利用的土地资源远远不能满足基础设施建设的资金需求，能用于偿债的土地增值部分难以弥补债务缺口。与此同时，财政部联合国土资源部、银监会、中国人民银行基于土地资源具有的不可再生性的长远考量，发布了《关于规范土地储备和资金管理等相关问题的通知》，规定自 2016 年起地方政府部门不得再将土地资源作为融资工具，不得再向银行等金融机构进行相关的抵押贷款。虽然此项规定旨在规范政府的土地储备和资金管理、规范政府的整个举债流程①，但是期望与现实总是存在偏差的，贵州在市场发债体系不健全的条件下，丧失了土地资源作为银行抵押进行贷款的融资途径，使得基础设施融资平台运营状况较为窘迫。加之基础设施建设项目本身固有的建设周期长、资金需求额度大、收益回报见效慢的特征，致使贵州基础设施融资平台没有充足稳定的资金偿还债务，以此恶性循环最终导致基础设施融资平台负债负担增加、债务规模逐渐扩大。

从贵州内陆开放型经济试验区基础设施融资平台风险来看，隐藏的信用风险较大。贵州基础设施融资平台的管理人员一般由政府直接选

① 史洋．地方政府融资平台债务管理研究——以贵安新区开投公司为例［D］．贵阳：贵州财经大学，2017.

派，经营决策更多地体现政府导向而非市场导向，具有较浓的行政色彩；另外，贵州基础设施融资平台主要依据所属地区层级划分三个不同层级，即省级融资平台、市级融资平台和县级融资平台，对比来看，层级划分较为粗糙导致无法形成集团经营。此外，贵州基础设施融资平台的融资渠道主要是银行贷款，少量通过发行企业债券、信托融资、股权融资等方式，且目前开展多元化融资的企业并不多，融资模式致使其融资成本较高且无可靠的还款来源。综合来看，正是贵州基础设施融资平台固有的行政色彩浓厚、平台层级划分较粗、融资渠道相对狭窄的特征直接或者间接地导致了平台可能存在违约的隐患，信用风险较大。

二、基础设施融资渠道单一

内陆开放背景下，融资渠道单一、多元化的融资体系尚未建成是贵州基础设施融资的一大难题，也是推动贵州内陆开放高地建设的严重阻碍。通俗来讲，如果把基础设施建设拟化成人，资金就是血液，就像离不开血液循环维持生命体征一样，基础设施建设同样离不开资金的注入。贵州基础设施融资渠道的不畅通，就像血液阻塞无法流动一样，基础设施建设同人体一样无法进行正常的运转。究其原因，主要是贵州融资机制不完善、民间资本进入基础设施领域门槛较高等问题。

从贵州融资机制来看，现行基础设施融资体制的不健全，不足以调动足额的资金进行基础设施建设是融资渠道不畅通的主要原因。封闭式的融资模式不仅不符合开放发展的要求，还直接导致了融资成本的提高。贵州进行基础设施融资主要通过两种方式，即通过开发土地与市政建设带动土地升值，再通过土地转让获得基础设施建设资金；或通过基础设施融资平台通过贷款方式融资后由政府部门组织投入到基础设施项目之中。前者作为一种不可持续的融资模式面临着一些问题，如征地过程中的冲突事件、土地资源的不可再生性局限等①；后者由于没有进行完全市场化运作，加之受限于相关融资刚性约束政策、监督体制不完善，导致金融风险在一定程度上存在、融资成本较高②。

从民间资本进入基础设施领域的情况来看，多元化的融资体系尚未建成，开放背景下社会资本的集聚效应发挥不充分。内陆开放背景下，贵州经济发展水平得到了不断提高，存在着大量闲置的民间资本。然而，贵州基础设施的市场准入对民间资本仍然存在一定的门槛，基础设施市场竞争的不公平性，使得民间资本在基础设施领域活动时障碍较多。此外，基础设施产权界限普遍不清极易引发项目经济收益难以衡量的问题，民营资本本身趋利性相对较强，也就更趋向于远离基础设施领域，最终导致社会资本的集聚效应难以发挥作用③。综合来看，贵州基础设施融资过程中并没有充分发挥内陆开放背景下的诸多优势，单一的融资渠道在一定程度上甚至会阻碍地区进一步的开放发展。

三、基础设施间接融资比重过大

内陆开放背景下，强调的是通过全方位的开放以推动资源的融通、各项经济活动成本的降低与效率的提高，最终实现区域联动发展的目标。从目前来看，贵州基础设施建设资金主要来源于政府财政资金、金

① 李成刚，王月月．贵州省城镇化融资困境与对策研究［J］．贵阳学院学报，2015（06）：109-112.

② 李波．贵州省地方政府融资平台可持续发展研究［D］．贵阳：贵州大学，2015.

③ 陈慧芝．我国农村基础设施建设项目融资问题研究［J］．财经问题研究，2015（S1）：24-27.

融机构贷款、民营资金、社会资本等。但是从融资额度来看，作为间接融资手段的金融机构贷款占很大的比重。间接融资即资金盈余单位通过银行、信托、保险等金融机构中介向资金短缺单位即基础设施建设投资主体提供资金的活动。据《贵州日报》显示，截至 2017 年 4 月，进出口银行在贵州基础设施项目上的贷款余额高达 110.64 亿元，为贵州基础设施建设提供了有力的资金支持①。但是，这种间接融资却存在着成本较高的问题。从长期性及可持续角度分析，贵州基础设施融资仍然需要依靠企业发行股票和债券等直接融资方式进行。具体来看，贵州也确实在加大基础设施直接融资比重方面做出了积极努力。贵州省政府大力拓宽直接融资渠道，积极引入省外资金，加快完善多层次资本市场体系，但其直接融资占比仍相对较低。直接融资的比例远低于间接融资比例引发融资成本过高的问题，这不仅制约贵州基础设施建设，甚至会严重影响到经济的可持续发展。综合来看，贵州唯有坚持以开放姿态提高基础设施建设直接融资占比的发展定位，才能有效缓解基础设施融资难题。

四、基础设施融资的金融服务体系不健全

金融业作为市场经济的重要组成部分，是进行基础设施建设的资金依托，是推动地区经济发展的重要动力。贵州内陆开放型经济试验区的设立以及国家对当地的政策倾斜，无不彰显贵州经济发展政策环境的优越性，同时也为金融业的发展提供了新的突破口。但是，从目前贵州金

---

① 吴海军. 中国进出口银行五年投放贷款超 220 亿元［N］. 贵州日报，2017-06-01（005）.

融体系所提供的金融服务来看，金融工具和模式单一的问题直接导致融资渠道单一，无法与基础设施建设和开放发展的资金需求相匹配。基于我国改革开放后东西部发展失衡的问题，贵州作为欠发达的西部地区，经济发展相对落后，金融发展起步较晚、金融服务体系不健全。内陆开放背景下，贵州基础设施融资的金融服务体系主要存在金融效率偏低、金融机构服务人员素质有待提高、金融生态环境可持续性有待增强等问题。

从金融效率来看，普遍偏低，资金利用率有待提高。相关资料显示，1985—2013 年，贵州城乡居民储蓄总额逐年上升。结合实际发展背景，可以发现随着收入水平的提高，储蓄金额有所增加，且金融机构吸收存款能力较强。但金融机构存贷比也随之增大。这一现象在很大程度上说明了贵州金融机构对吸纳的储蓄资金的转化效率很低，整体金融效率有待提高。结合 2017 年末的数据来看，贵州金融机构本外币、人民币各项贷款余额分别是 20965. 3 亿元、20860. 3 亿元，同比增长 16. 7%、16. 8%；贵州一般贷款加权平均利率为 6. 4572%，较上年下降 22 个基点①。虽然部分数据较往年有所提高，但是由于贵州起点较低，金融规模及效率与其他发达地区仍存在很大的差距，金融效率不足以与当地的基础设施建设资金需求、经济发展资金需求相匹配。

从金融机构服务人员素质来看，仍然有很大的提升空间。这里的素质主要是指从业能力，因为根据实地调查反馈，基本上所有的金融机构分支的工作人员服务态度较好，无论是哪一个层次的人去金融机构咨询

① 贵州省金融运行报告［EB/OL］.（2017-08-29）［2018-08-12］. http：//www. docin. com/p-2125639812. html.

或办理相关业务，工作人员都会耐心负责地引导。尽管如此，从业能力还有待提高。从目前贵州大多数金融机构来看，仍存在极少数的业务知识不精的从业人员。虽然他们工作态度严谨、服务热情高涨，但是工作效率不高。贵州金融机构只有切实提高从业人员的专业素质，着力解决金融人才资源匮乏的难题，才能满足开放背景下各需求主体对金融服务的不同要求。

从贵州金融生态环境来看，可持续性不强，对开放型经济发展的服务力度不足。金融生态环境主要包括金融法律环境、金融信用环境，其中金融法律环境为根本。内陆开放背景下，贵州金融监管部门工作有待进一步加强。与此同时，贵州金融信用环境存在一定的风险，信用评价体系不完善、激励约束机制不健全、金融信贷资金运用结构不合理等诸多问题困扰着当地金融生态环境的可持续发展①。此外，《中国金融发展报告（2011）》中的数据显示，贵州金融生态环境得分排名居于末位，这种欠佳的生态环境严重阻碍了当地金融业的可持续发展②。

五、基础设施融资环境有待改善

融资环境作为贵州内陆开放型经济试验区基础设施融资的重要保障，现阶段仍需进一步优化。前文从政策引导、资金投入和模式探索三个方面详细描述了目前贵州基础设施融资环境在一定程度上得到了优化。但是，贵州内陆开放型经济试验区基础设施融资贵、

① 郑星，刘明显．金融支持贵州新型城镇化建设的实证分析［J］．当代经济，2018（10）：87-90.

② 周若青．贵州金融可持续发展研究［J］．时代金融，2015（08）：38-39.

融资难问题的解决仍然需要作出更大的努力。贵州的特殊自然条件导致的经济发展落后、基础设施建设投入资金额度大且建设困难、基础设施建设资金融通渠道不畅、基础设施建设周期长且收益回报慢等诸多问题，无不强烈地表现出当地基础设施融资环境需要进一步改善的需求。

从相关政策贯彻落实方面来看，自国务院批准贵州成为继宁夏后第二个内陆开放型经济试验区以来，贵州基础设施融资的政策环境可以说是相当优越，但是这一政策优势却并未充分发挥出来。当然，我们可以理解，政策的推行与政策效果的显现总会存在一定的时间延迟。虽然贵州省政府积极贯彻落实国家相关政策，并结合当地基础设施建设实际发展状况进行战略的制定、指导意见的发行，但是，基于诸多原因的交织，政策环境的优越性并未充分显现，亟须进一步优化政策环境，推出更多协调各方利益的方针政策以应对当前基础设施融资难题。

从资金投入方面来看，贵州内陆开放型经济试验区基础设施融资来源主要依靠国家财政和金融机构贷款，直接融资的占比相对较低，吸引外资、吸纳民间资本的力度相对较小。大量依靠银行贷款进行基础设施建设的问题已经逐步显现，基础设施融资平台的债务负担也越发严重，亟须拓宽融资渠道，完善多元化融资体系的发展。现阶段，贵州需要着力创造完善的融资环境，为各类主体投资基础设施建设搭建平台，充分展现当地的发展潜力，让“引金入黔”的规模逐步扩大，集聚民间闲置资金，切实解决基础设施融资难题。

从相关模式探索方面来看，现有的一些模式有待进一步推广。现阶段贵州探索出的六盘水市“资源变资产、资金变股金、农民变股东”的“三变”经验和普定县秀水村“秀水五股”模式虽然取得了很大成效，在一定程度上具有推广性；但是，贵州内陆开放型经济试验区基础设施融资问题的解决是一个逐步且缓慢的过程，需要不断地注入创新性思维，不断地探索适应性较强的经济发展模式，只有广大人民的收入水平得到实质性提高，才能实现民间资本的融通，才能为当地基础设施建设提供相应的资金支持。

六、贵州农村基础设施融资存在的问题分析

（一）政府投资不足

贵州各级政府一直都很重视农村基础设施融资问题。近年来，贵州各级政府也开始将政府财政支出向农村基础设施倾斜，用于基础设施的财政支出也在逐年增长。从全国各个省份来看，贵州相对比较特殊，因为其地形高低不平，而且非常崎岖，更重要的是没有平原，所以农村基础设施建设施工非常困难，基础设施建设成本较高，建设难度较大。这严重制约了政府部门对农村基础设施融资的积极性。一些经济条件差的基层政府，根本无力建设这类基础设施。因此，政府实际上几乎成为唯一的农村基础设施投资主体。农村基础设施全部由当地政府部门完成是不现实的。从总体上来说，贵州政府部门对农村基础设施的财政支持力度仍有待提高；农村基础设施建设过程中，政府的监督职能有待进一步加强。在少数农村地区，农村基础设施（如人畜饮水、农村水电、乡村道路等）质量不高，使用年限短。鉴于农村基础设施的正外部性，

贵州各级地方政府承担基础设施建设的主要建设任务。长期以来，贵州一些地方政府始终向城市基础设施建设倾斜，用于农村基础设施的投入总量较少。当前财政融资存在问题的原因主要包括：一是农村基础设施建设力度加大，导致财政不能承担如此之多的建设，地方财政吃紧；二是贵州经济落后，经济发展力度不强，导致了财政对农村基础设施建设的投入资金少；三是财政支出的资源分配更偏向于城市，这也导致了农村基础设施建设的资金投入少。

（二）金融支持缺位

贵州金融机构在服务农村基础设施建设方面有很大的改善，并且颁布政策来促进农村金融支持农村基础设施建设。例如，2012 年《省人民政府关于进一步深化农村金融体制改革的指导意见》中，提出大力支持政策性银行和商业银行在农村增设分支机构，拓宽了农村基础设施建设的融资渠道，并且推动邮政储蓄银行分支机构的建设，持续增加信贷力度支持农村基础设施建设，与此同时，省政府积极鼓励小额贷款公司开设对农村的信贷业务。这些政策的颁布加大了农村信贷力度，为农村基础设施的建设提供了融资保障。贵州在对农村机构信贷上虽取得了一些成就，但是问题也较突出：一是在不断地加强对农村基础设施的建设中，资金需求极大，但当前的信贷资金还不能完全满足需求。二是当前的农村金融体系发展缓慢，针对农村金融信贷的金融机构主要有农村信用社与邮政储蓄银行，但农村信用社在不断发展过程中，已逐渐抛弃原来的农业色彩，并把主营业务不断转战到大城市。邮政储蓄银行在农村开设了多个网点，在建立之初就是为了支农惠农而建立，其主要营业是吸收农民存款从而在大城市开展收益高的信贷业务。虽然近几年也针对农村开设了信贷业务，支持农村的发展，但其利率高、手续复杂、贷款额较小，不能很好地满足农村基础设施建设中的资金需求。当前贵州的外商资金、非营利组织资金占农村基础设施建设的比例还相当少，只有极为贫困的地区才会受到非营利性组织的建设及资助，从而导致了当前农村基础设施建设的资金来源少。

考虑到农村基础设施项目建设具有期限较长、偿债能力差等特征，出于自身利益的追求和风险防范，贵州省内的国有商业银行分支机构向农村基础设施建设项目融资的意愿不强。商业银行对农村基础设施的贷款无法满足其追求利润最大化的经营目的，对农村基础设施建设的金融支持积极性不高。长期以来，国家政策一直偏重于城市基础设施的建设，这是整个中国的发展趋势，贵州也不例外。如国家开发银行的基础设施开发贷款主要放贷于城市，很少涉及农村，以至于农村基础设施普遍落后于城市。近年来这种状况有所改善，但国开行对农村基础设施的支持仍然不及其对城市基础设施的支持。可以说，农村金融机构存在资金不足，农村机构网点少、覆盖面窄等问题，最主要的原因就是缺乏政策对农村各项基础设施的大力支持。在商业银行大规模从县域及以下退出之后，农信社成为农村中主要的正规金融机构，几乎独占农村金融市场，长期缺乏外部竞争，弱化了自身内部管理和风险控制的能力，其经营效率也在逐步降低。此外，由于农村社会信用体系、农村产权制度不健全以及农民缺乏合法有效的抵押物等原因，农村机构放贷成本高、风险大，而这些客观因素并没有相应的外部机制予以保障。此外，农村金融机构理应在农村基础设施建设中发挥其优势，事实上农村基础设施建设很难从农村金融机构那里获得长期、稳定、大量的资金支持。

（三）农村集体力量薄弱

贵州一些村集体经济可持续发展的内生动力不强，村集体投资一般由村委会组织，而村委会没有法定的独立公共财产权利。村委会通过向农户摊派和要求村办企业提供资金的方式融资，明显增加了农户和村办企业的负担，并且农户和村办企业的投资能力有限，导致农村在经济崛起时出现了基础设施建设发展滞后现象。贵州农村集体资产总量规模庞大，大量资源没有得到适当的激活，没有发挥出集体集资在农村基础设施建设中应有的作用。我们在调查中发现：一些村集体经济较弱，收入来源比较单一，收入增长缓慢，没有多余的财力和物力为基础设施建设融资①。例如，贵州省×县×村位于×××镇和×××镇之间，309 省道线贯穿境内，地理位置优越。×村全村面积约 34 平方千米，共 23 个村民组 1065 户，4455 人，其中 50 户以上的村组 11 个，占 47%，×村是喀斯特地貌，耕地面积只有 2843 亩，人均仅 0.56 亩。×村的“三资”核查情况如下：财政性办公资金 2 万元，新村房屋购置土地费 2 万元，新村市场承包出租 5000 元/年，茶场土地承包费 3000 元/年，栗木砖瓦厂 500 元/年，村委会门面出租 1650 元/年，村集体收入资金共计 50150 元。山林 1327 亩，水面 1.2 万亩，办公用房 160 平方米，办公用房估价 12 万元，农贸市场 3800 平方米，停车场 1 个，办公设施 4 套，办公设施估价 2400 元。5 个山塘水库产权回归村里，×村每年可以获得承包出租费 1 万元左右①。可见，要解决农村基础设施融资困境，需要根据农

① 数据来源于课题组调研。

村千差万别的情况和集体经济发展不平衡现状进行差异化改革，释放农村经济的活力，真正地发挥集体集资在基础设施建设中的作用，提升农业生产水平，增加农民收入，壮大集体经济，最终实现乡村振兴。

（四）社会资本投资意愿不高

社会资本参与贵州农村基础设施融资是以营利为目的，只要农村基础设施建设能为他们带来利益，自然会来投资。但是由于一些村组投资农村基础设施不能完全排斥其他村组的分享，因而难以衡量农村基础设施投资收益。在农村基础设施产权不明晰的情况下，社会资本很难大规模地介入，这在客观上抑制了农村基础设施融资发展。贵州大部分地区农村经济发展程度不高，很难给社会资本带来相应的利益，而且，投资农村基础设施属于风险高、效益低、回收慢的投资项目。社会资本不会考虑投资时间长、见效慢、效益不确定的农村基础设施建设。此外，我国民间金融仍然没有全面放开，社会资本进行农村基础设施融资时手续复杂、程序烦琐、限制条件多、门槛高等问题没有得到根本解决，社会资本的固有缺陷以及政府一定程度的抑制导致其很难大有作为。影子银行仍然影响着金融市场的秩序，加剧了金融市场的不稳定性，社会资本要在非纯粹的信用关系的条件下，凭借社会关系进行农村基础设施建设融资，也会使其具有防范风险的脆弱性，使其资本生存空间受到明显限制。正是源于此，一些社会资本不愿投资农村基础设施建设。此外，农村基础设施的收费定价机理也缺乏有效性和科学性，社会资本的涌入很难确保其能从投资大、周期长、收益小的项目中获得与合作者的同等收益权，这也在一定程度上限制了社会资本的投资意愿①。

（五）农户自身积累能力不强

贵州一些农村自然条件恶劣、地形崎岖不平、交通不便，经济水平比较低，农户增收相对缓慢，基础设施建设困难重重。由于贵州农村经济落后，农民收入不高，第二、第三产业发展缓慢，导致农户没有过多的资金投入基础设施建设。农户的收入主要用于子女教育、修建房屋、购置农具、医疗和日常消费等方面。虽然一部分农户自身积累能力强，但是农村基础设施建设具有建设周期长、耗资大、投资回报见效慢等特点，降低了农户对其融资的积极性。另外，分散式经营的农户，基本上也没有多余的资金用于基础设施的投资，如何补短板、强弱项，让农户自我筹资用于基础设施建设成了乡村振兴面临的新课题。农户自我筹资不能作为农村基础设施融资的主要来源，而只能作为补充，助力振兴乡村的基础设施建设。此外，农村地区基础设施的产权不明晰，供给中存在外部性，部分农户存在“搭便车”的行为，“谁投资，谁受益”的原则在部分农村基础设施项目运行过程中无法实现，大大打击了其他农户的积极性，影响了农户自我筹资建设基础设施的动力。例如，调查中发现，在一个比较偏远的S村，村民饮水困难，所以居民就商量着修建一个水池用于蓄水，但是存在着水源的问题。S村居民在L村附近发现一个优质的水源，经过协商，L村居民同意让S村居民使用该水源。投入大量的人力、物力、财力之后，这项饮水工程完成了。没想到的是，N村有一农户刚好在这个工程的途中有几亩农田，“搭便车”的现象就出

① 臧一哲．农村基础设施投资组合模式研究［D］．青岛：中国海洋大学，2014.

现了。他在途中破坏引水管道，将S村居民的饮用水变成了自家的灌溉水，S村的居民拿N村“搭便车”的农户没办法。加上“搭便车”的农户经常破坏管道，这个花费了大量人力、物力、财力的饮水工程仅仅只运行半年就废弃了①。

---

① 李靖，李盼杰，孙芳，王倩山．乡村振兴背景下我国农村基础设施融资困境与对策研究［J］．贵州商学院学报，2018（04）：26-33.

第三章 CHAPTER THREE

贵州内陆开放型经济试验区基础设施融资面临的形势分析

第一节　国家基础设施融资政策取向

今后一段时期是我国经济结构升级换代、跨越中等收入陷阱、全面建成小康社会后迈入更高经济发展阶段的关键时期①。同时，这一阶段对于我国经济的增长、基础设施建设的融资困境突破而言，呈现出机遇与挑战并存的发展状况。今后一段时期对于我国进行基础设施融资的经济意义主要在于：我们应该充分地抓住全面建成小康社会后经济发展转型期这一时机；贯彻落实国家战略决策方案，在准确把握深刻变化的国内外发展环境的前提下，主动适应经济发展新常态、助力新发展理念的落实、确保基础设施融资问题的圆满解决。今后一段时期融资政策取向代表着该阶段基础设施融资的发展方向，是引导性内容。基础设施融资问题的研究离不开对基础设施投资问题的分析，基础设施投资和基础设施融资都是为推动经济增长服务的，基于这一观点的认识前提，针对国家基础设施融资政策取向的探讨，自然需要结合这一时期国家基础设施投资政策取向的分析。从总体上看，今后一段时期基础设施投资仍然是非常重要的经济增长推动力，并且具有一定的增长空间。与此同时，从某种程度上来看，国家基础设施融资政策取向取决于其投资政策，基础设施投资政策的实施必须要有相应的融资政策配合执行。

从我国目前的经济发展状况来看，随着城市化水平的逐步提高，基

① 刘尚希．“十三五”时期财政金融有效支持实体经济的对策研究［J］．经济研究参考，2015（26）：4.

础设施的建设以及配套服务体系正在逐步发展与完善。但是，由于基础设施所固有的基础性、集聚性、建设投资金额大、建设周期长、不可贸易性等特点，致使长期以来我国的基础设施融资历史遗留问题较多，当前的基础设施配套工程滞后与人民群众对基础设施建设的需求较快增长的矛盾日益突出，基础设施建设问题的妥善解决是国家实现经济发展目标的强大推动力。近年来，基础设施建设问题一直是我国相关政策制定者和诸多经济学专家关心的热点问题。中国作为世界上第二大经济体，并且是正处于转型过程中的发展中大国，维持一个相对稳定的经济增长速度是国家快速推进经济结构化改革极其迫切的要求①。今后一段时期作为我国全面落实国家治理体系与治理能力现代化的推进期、经济增长模式转换的攻坚期、落实全面科学发展的战略机遇期，为我国基础设施投融资创造了良好的经济环境。纵观我国的发展政策，可以清晰地发现国家依旧集中致力于经济的发展，其中以基础设施投融资建设尤为明显，笔者主要列举了国家在交通运输、产业智能化以及环保等方面关于基础设施的相关规划来例证我国基础设施融资在国家政策层面发展环境的优越性。

一、着力深化交通运输融资体制机制改革，相关政策有序发布

基础设施融资在交通运输方面的政策体现较为明显，目前，我国公路、铁路、城市轨道均出台了相关政策以推动基础设施的完善。深化交

① 沈坤荣，金刚．中国经济增长四十年的动力：地方政府行为的视角［J］．经济研究参考，2019（02）：102-113.

通投融资改革，使得交通方面的基础设施建设迎来了新的发展机遇。国务院结合“十三五”规划与“一带一路”建设、京津冀协同发展、长江经济带发展等规划制定了《现代综合交通运输体系发展规划》，旨在完善网络布局，连通跨区域通道、国际通道，补足中西部地区、贫困地区和城市群交通发展短板，提升一体化运输服务水平，改善交通运输安全的严峻形势，健全现代综合交通运输体系发展的体制机制。《现代综合交通运输体系发展规划》中提出实施“互联网+”便捷交通、高效物流行动计划，将信息化智能化发展贯穿于交通运输体系的各环节，真正实现交通基础设施建设与新兴科技智能化融合①。交通运输部部长李小鹏在国新办的新闻发布会上指出，中国的交通运输发展还存在着不少问题，例如，基础设施方面还很不完善，特别是基础设施发展的结构性矛盾非常突出。为了补齐基础设施短板，2017 年我国交通固定资产投资将持续发力。“十三五”期间中国交通运输总投资将会达到 15 万亿元，其中铁路固定投资 3.5 万亿元，公路 7.8 万亿元，民航 6500 亿元，水运 5000 亿元②。

与此同时，今后一段时期铁路建设也将继续稳步推进。中国铁路不仅会打造“四纵四横”高铁网、加大发展政策向西部地区政策倾斜的力度、实现全方位一体化的均衡发展；而且会推动铁路建设“走出去”，密切与国外铁路建设市场对接交流，为“一带一路”倡议的落地

---

① 国务院发布《“十三五”现代综合交通运体系发展规划》[EB/OL].（2017-03-01）[2018 - 05 - 09]. http://www.mot.gov.cn/zhuanti/shisanwujtysfzgh/guihuawenjian/201703/t20170301_2170528.html.

② “十三五”交通运输总投资将达 15 万亿，公路占比过半 [EB/OL].（2017-02-28）[2018-05-09]. http://www.chinahighway.com/news/2017/1090022.php.

提供支持并推动成果共享①。此外，随着国务院《关于取消和下放行政审批项目等事项的决定》的发布，今后一段时期城市轨道交通也将迎来发展新机遇。“要致富，先修路”这一俗语中体现的发展理念，表达的便是交通运输网络对我国经济发展的突出作用，交通运输系统是中国“引进来”和“走出去”的基础设施条件，唯有构建完备的交通运输网，才能使我国的贸易往来畅通无阻。众所周知，西部落后地区经济之所以不发达，很大程度上就是因为交通运输不便利，只能自给自足。我们可以清晰地发现我国交通运输体系正在逐步构建，相关的政策支持例证了我国基础设施良好的发展环境，有了政策的支持，我国基础设施投融资的发展前景颇为光明。

二、推动基础设施产业智能化发展，助力基础设施融资问题智能化解决

智能制造是“中国制造 2025”的主攻方向，是新一代信息技术和制造技术深度融合的必然结果，不仅对生产方式、商业模式、产业形态产生了深远影响，而且在今后蕴含着巨大的市场机遇②。近年来，国务院出台了《中国制造 2025》《关于积极推进“互联网+”行动的指导意见》《关于深化制造业与互联网融合发展的指导意见》，明确要求以推进智能制造为主攻方向。诸多政策在基础设施融资方面体现，即在构建和完善基础设施体系的过程中顺应“互联网+制造业”发展趋势，积极

① 王同军．聚焦“交通强国、铁路先行”奋力开创新时代铁路建设高质量发展新局面——在中国铁路总公司铁路建设工作会议上的讲话（摘要）[J]．中国铁路，2018（02）：14-24.

② 关于印发杭州市智能制造产业发展“十三五”规划的通知 [EB/OL]．（2017-05-09）[2018-05-09]．http：//www. hangzhou. gov. cn/art/2017/5/9/art_1256297_7881512. html.

探索网络协同制造、远程运维服务、云制造等新业态、新模式，推动基础设施建设的产业智能化发展。今后一段时期，“智能制造”“互联网+”作为制造业发展的重要方向，迫切需要高速、可靠的网络支撑。近年来，国家高度重视信息基础设施建设工作，国务院先后发布《关于促进信息消费扩大内需的若干意见》《“宽带中国”战略及实施方案》《加快高速宽带网络建设推进网络提速降费的指导意见》《三网融合推广方案》，旨在通过加强高速宽带网络等信息基础设施建设，促进信息基础设施互联互通和资源共享，推动信息消费持续稳定增长，助力“新五化”同步发展，为“互联网+”发展、制造业转型升级提供有力支撑。与此同时，工业和信息化部制定了《信息化和工业化深度融合专项行动计划(2013—2018 年)》，明确要求提升信息基础设施的承载能力和服务能力，提高面向工业应用的网络服务能力①。今后一段时期，我国电力工业也将会发生巨大的转型，将会更加注重发展的质量与效益。在产业智能化方面出台的各类政策无不表明今后一段时期我国基础设施建设总体上将朝着高效率高智能的方向发展，基础设施投资前景良好，基础设施融资环境总体优越。

三、注重环境保护，推动经济健康可持续发展

资源环境约束日益趋紧，环境承载能力基本达到上限，致使我国面临的环境保护压力更为严峻。基于此，中国制定关于环境保护“十三五”规划，旨在加大环境保护基础设施建设投资的力度，提高环境保

① 江苏省“十三五”信息基础设施建设发展规划［EB/OL］.（2017-02-10）［2018-05-09］. http：//www. itdanshu. com/article/2017-2-10/article197_1170. html.

护基础设施的质量和水平。“十三五”规划中将环境保护基础设施建设放在了突出位置，据环保部规划院测算，“十三五”时期国家会增加环保建设的投入额度，预估每年约投入2万亿元，总投入额度有望超过17万亿元①。与此同时，规划有意围绕诸如支持绿色信贷、绿色金融发展等绿色理念展开活动，且鼓励第三方参与到环保建设中，最大限度地调动资源进行环境保护基础设施建设②。由此可见，在环境保护基础设施体系构建过程中，国家政策积极扩大投资力度以促进我国经济绿色可持续发展。值得关注的是，今后一段时期我国经济的发展政策规划特别注重提质增效，不仅要求合理地调整经济结构、恰当地进行各方面投融资建设，而且要求防范“中等收入陷阱”。

从今后一段时期交通运输、产业智能化以及环保等方面涉及基础设施融资的相关预测综合来看，在政策上基础设施融资具有相应的优势，但基础设施建设的政策环境仍然具有很大的改善空间。基础设施融资在国家相对完善的政策取向引导下具有较以往更为优越的发展环境，贵州内陆开放型经济试验区应该牢牢抓住机遇，优化基础设施融资结构，提升基础设施融资效率，充分体现基本公共服务的均等性、可及性以促进当地经济结构的合理转型、经济水平的稳步提高，并为国家的经济发展贡献贵州力量。

① 《2017—2021中国环保产业发展前景与投资预测分析报告》[EB/OL].(2017-08-07)[2018-05-12]. https://www.toutiao.com/a6451013771149951245/.

② 江飞涛. 十三五基础设施建设投资展望与议[J]. 中国经贸导刊，2016(02)：46-48.

第二节　贵州内陆开放型经济试验区基础设施融资面临的新形势、新要求

贵州地处我国腹地，不仅是西南地区的交通枢纽，而且是唯一一个没有平原支撑的省份。因为贵州特殊的地理位置，依托良好的生态环境，当地旅游业较为发达；但是，总体基础设施建设体系并不完善且经济发展水平有待提高。近年来，随着综合交通运输体系和开放平台建设的逐步完善，贵州基础设施建设得到了较好的发展；开放型机制体制的逐步改革、区域间合作的进一步深化，使得诸多国际性的重大活动相继在此举行。聚焦今后一段时期，显然这是我国现代化建设过程中较为关键的转折期，这一时期的发展关系着我国全面协调可持续的发展，关系着中华民族伟大复兴的“中国梦”的实现①。综观国内外形势，我国经济发展过程中机遇与挑战并存。就贵州而言，其作为继宁夏之后国家设立的第二个内陆开放型经济试验区，基础设施融资在国家政策方面具有相当大的优势。但是，由于历史遗留问题导致该地区经济发展远远落后于其他发达地区，基础设施建设不完善，基础设施融资难、融资贵的问题尤为突出。在新的发展阶段，贵州内陆开放型经济试验区基础设施融资问题的妥善解决需要深入了解当前所面临的新形势和新要求，再结合当地的具体发展状况，制定出合理应对基础设施融资困境的方案。

① 何莹．新常态下五大发展理念与中国道路的新探索［J］．哈尔滨学院学报，2017（05）：19-22.

一、贵州内陆开放型经济试验区基础设施融资面临的新形势

（一）从国际上看，国际金融危机影响深远，世界经济增长速度减缓，我国发展的外部环境更趋复杂

随着经济一体化、全球化的快速发展，各个地区作为经济发展的主体，在人类命运共同体理念的践行中都发挥着举足轻重的作用。贵州内陆开放型经济试验区作为中国的一个欠发达地区，其自身的发展不仅受到国家政策的影响，或多或少地也与国际化发展形势相关联。目前，和平与发展依旧是时代的主题，随着经济全球化的进一步深入和社会信息化程度的明显提高，世界经济发展格局变化的不确定性趋势相对明显。从经济发展进程中的基础设施融资问题来看，主要可以从当前国际经济发展速度与全球化发展动态这两个方面对其所面临的国际新形势展开分析。

从国际经济发展速度来看，整体较为缓慢。由于国际金融危机的影响较为深远，目前世界经济仍处于深度调整期，复苏步履维艰。虽然近年来美国、德国、法国等发达国家经济复苏势头较为强劲，但还没有进入稳步增长轨道。日本和欧盟等发达经济体复苏的前景尚不明确，部分新兴经济体由于分化剧烈、地缘政治局势紧张、商品及能源价格下跌等问题致使经济增长放缓①。2015 年，IMF 发布的《世界经济展望》指出世界经济复苏的最大威胁当属通货紧缩，经济总的需求不足与深层次下

① 张作云．国际金融和经济危机与国际关系的调整［J］．河北经贸大学学报，2014（02）：13-23.

结构性因素是此轮全球通胀率普遍下降的潜在原因①。综合来看，今后相当长一段时期世界经济呈现继续低速增长的趋势。

从全球化发展动态来看，竞争日趋激烈、波动势头正盛。随着科学技术的进一步发展，全球的生产组织方式正处于剧烈变化之中，经济发展过程中的国际竞争压力呈现日益激烈的态势。加之全球化进程的进一步推进，全球投资和贸易规则正在发生新的变化②。一方面，WTO作用的充分发挥，使得区域间经济合作日趋密切。另一方面，美国加快推进的"跨太平洋伙伴关系协议"（TPP）和"跨大西洋贸易与投资伙伴关系协定"（TTIP）不仅对以WTO为基本框架的全球化进程造成干扰，而且会对中国今后拓展对外经贸关系产生直接的影响③。

综合来看，由于主要经济体走势和宏观政策取向较为分化，金融市场动荡不安，致使全球贸易呈现持续低迷的状态；国际环境的不确定性因素明显增多，我国面临的发展风险挑战加大④。就贵州内陆开放型经济试验区基础设施融资而言，其面临的复杂外部环境不容小觑，需要谨慎应对各种潜在的风险。在全球价值链竞争激烈、智能化生产制造的时代，世界经济增长的速度相对减缓。金融危机之后，发达国家相继推出"再工业化"战略旨在争夺国际竞争的制高点。相比之下，我国素来以资源、劳动力等要素的低成本作为竞争优势的砝码逐渐减弱。与此同

① 李善同，吴三忙，何建武．"十三五"时期中国经济社会发展面临的环境与发展新要求［J］．北京理工大学学报，2015（04）：1-8.

② 杨典，欧阳璇宇．金融资本主义的崛起及其影响——对资本主义新形态的社会学分析［J］．中国社会科学，2018（12）：110-133.

③ 李善同，吴三忙，何建武．"十三五"时期中国经济社会发展面临的环境与发展新要求［J］．北京理工大学学报，2015（04）：1-8.

④ 张广婷．不确定的世界经济：新变局、新风险、新机遇——2019年世界经济分析报告［J］．世界经济研究，2019（01）：3-17，135.

时，随着中国另辟蹊径地发展经济，国际地位得到大幅度提高。但是，机遇与风险并存的状况下，中国的金融风险规避问题同样需要高度重视。在经济发展的战略层面，也将实施由高速发展转变为中高速发展的定位。这一时期，国际形势波动性较大，发展格局还未完全定型①。由此可知，我国发展的外部环境、贵州内陆开放型经济试验区基础设施融资面临的国际新形势较为复杂且可变性较大，需要灵活应对。

（二）从国内来看，经济发展环境正在发生巨大变化，资源、生态、环境等对发展的瓶颈制约进一步加剧

我国的经济发展处于转速换挡时期，经济增速趋势由高速增长降为中高速发展。总体来看，我国经济增长呈现稳定化发展趋势，经济发展进入新常态，越发明显地向更高级形态、更优化分工、更合理结构的发展阶段演化。历经改革开放，中国经济积累了许多有利条件。主要体现在以下几个方面：

1. 开放层面，开放发展成了新常态

2013 年 9 月和 10 月中国国家主席习近平先后提出建设“新丝绸之路经济带”和“21 世纪海上丝绸之路”的战略倡议。对中国而言，这个倡议是要形成陆海内外联动、东西双向互济的开放格局②。中国经济发展的重大转移必然会导致外部经济发展调整，通过与周边国家的合作，加强国内经济与周边国家经济的整合，尤其是劳动密集型产业的转

① 洪银兴，刘伟，高培勇，等．“习近平新时代中国特色社会主义经济思想”笔谈［J］．中国社会科学，2018（09）：4-73，204-205.

② 裴长洪，刘洪愧．习近平新时代对外开放思想的经济学分析［J］．经济研究，2018（02）：4-19.

移，能够解决中国的部分产能过剩，构建中国与周边国家新兴经济体的区域生产网络。内陆开放型试验区的建立代表国家西部开放力度的加强，会加速中国优势产业和现今技术的流动性。具体来看，发展内陆开放型经济与“一带一路”息息相关。“一带一路”的践行增进了内陆开放地区与中东沿线国家的交流，不仅是产业的交流，更是产业文化、人文与文明的交流。“一带一路”为内陆开放型经济地区提供可持续发展的良机与平台，并且这条“绿色丝绸之路”，以绿色、低碳可持续发展模式优化发展，突出了西部内陆地区的地理优势，降低了内陆开放型经济体的运行成本①。“丝绸之路”的建设使得很多内陆地区成为通道的节点，为内陆地区创造了新的竞争优势。

2. 国家制度层面，系列制度逐渐完善

党的十八大以来，国家推出的一系列重大举措，尤其是“四个全面”的战略布局以及加强供给侧结构性改革等宏观调控手段的创新，对于我国的经济发展与投资结构优化都发挥着强大的作用。总而言之，社会主义制度的优越性为“十四五”时期开展基础设施投融资和经济建设目标的实现提供了有力的制度保障。

3. 在物质基础方面，基础设施建设已初步成型

改革开放以来，在高速发展的工业化与城镇化建设过程中，我国逐渐积累了雄厚的物质基础，并且逐步形成了较为完善的基础设施及其配套体系、较为完备的基础产业体系以及较强的产业配套能力。此类坚实的物质基础为“十四五”时期完善基础设施融资体系提供了坚实的物

① 张俊莉．“一带一路”背景下内陆开放型经济制度创新［J］．人民论坛，2015（35）：68-70.

质保障。

4. 创新能力方面，潜在的资源较为丰富

今后一段时期我国在产业升级方面具有一定的空间和潜力，具体体现在新兴服务业的发展、工业内部产业的升级、城镇化进一步深化、区域的协调发展潜力等方面。此外，随着我国对教育的注重，即使人口老龄化趋势加剧、劳动力数量减少，但是劳动力的质量不断提升，人力资源也是诸多资源中最具有潜力的。今后一段时期，人才红利将为我国经济培育新优势、为实现再增长提供源源不断的智力支持，是我国经济实现进一步发展的重要支撑①。综上所述，我国近年来经济结构的不断调整与创新，为我国新时期的经济发展打下了良好的基础。

值得注意的是，对我国目前货币政策展开分析会更直观地体现贵州内陆开放型经济试验区基础设施融资新形势。通过调查分析，在今后很长一段时间内，我国将持续推行稳健中性的货币政策。这一定位为贵州内陆开放型经济试验区基础设施融资创造了良好的发展环境。2017 年第三季度的中国货币政策执行报告显示，国内生产总值（GDP）同比增长 6.8%，居民消费价格（CPI）同比上涨 1.6%。初步统计，9 月末社会融资规模存量为 171.23 万亿元，同比增长 13%，增速比上年同期高 0.5 个百分点。前三季度社会融资规模增量累计为 15.67 万亿元，比上年同期多 2.21 万亿元。由此可知，我国经济已经转向高质量发展阶段，正处在转变发展方式、优化经济结构、转换增长动力的攻关期，建设现代化经济体系是跨越关口的迫切要求和我国发展的战略目标。在稳

① 国家发改委宏观经济研究院课题组．中国加速转型期的若干发展问题研究（总报告）[J]．经济研究参考，2004（16）：2-48.

健中性的货币政策指导下，我国经济平稳增长、结构持续优化、质量不断提高、消费需求对经济增长的拉动作用保持强劲、进出口较快增长、投资稳中略缓、就业基本稳定等诸多优势越发明显①。但是，我国经济发展过程中存在的问题也是不容忽视的。如粗放型的发展方式引发的资源利用效率低下、资源浪费严重、生态环境恶化问题；经济发展不平衡、不充分导致的城乡发展不平衡②；经济结构调整阵痛与动能转换困难相互交织产生的有效需求与供给不匹配、经济下行压力过大、部分产能过剩等问题。经济新常态下，我国经济呈中高速增长，第三产业逐渐成为产业主体，经济增长的动力由传统的要素驱动和投资驱动逐步向创新驱动转变。作为拉动我国经济增长的主要力量的投资和出口需求均明显放缓，消费需求虽然潜力较大，但也受到很大程度的制约，短期内新兴需求难以对冲传统需求的衰减③。与此同时，我国的经济环境也面临一些新的挑战，如内外红利衰退，楼市风险、地方债务风险和金融风险等一些潜在的风险渐渐凸显。

今后一段时期，传统要素动力衰减对经济增长的制约将会进一步强化。在传统要素动力衰减的同时，科技创新能力不强的问题也较为突出。改革开放以来，我国实施着较为迫切的发展政策，致使工业化、城市化、现代化发展在取得显著成效的同时，由于少数投资建设不合理不恰当的情况也滋生了一些潜在的问题，主要包括以下几个方面：

---

① 中国货币政策执行报告（2017 年第三季度）[EB/OL].（2017-11-17）[2018-05-12]. http://www.cfen.com.cn/sjpd/hg/201711/t20171121_2754440.html.

② 韩庆祥，陈曙光．中国特色社会主义新时代的理论阐释[J]. 中国社会科学，2018（01）：5-16.

③ 刘元春，刘晓光，闫衍．2018—2019 年中国宏观经济报告——改革开放新征程中的中国宏观经济[J]. 经济理论与经济管理，2019（01）：4-26.

1. 资源方面，资源供给与资源需求不匹配问题日益明显

近年来，随着我国工业化进程的不断推进，资源的配置不合理和过度的投资，致使资源供给与需求的严重不匹配，从而造成许多资源的短缺或过剩。其中产能过剩问题较为严峻，不仅存在于传统的房地产、汽车等产业，甚至是光伏、电子科技等新兴的产业。需要强调的是，目前我国存在的产能过剩问题并不是短期、局部的问题。在新的发展阶段，我国应致力于有效化解此类资源分配问题，实现有效的投资①。与此同时，资源的问题也导致了区域发展不协调、贫富差距悬殊等问题。基于此，在新的发展阶段，我国经济发展应注重协调问题，必须注重对资源的合理利用，进行恰当的投资建设，其中尤以欠发达地区基础设施的投融资建设为重。

2. 环境方面，环境保护亟须提上日程

今后一段时期，环境保护面临的形势相对复杂，不仅包括外部条件的新变化，如应对工业化城镇化发展、结构调整等，也掺杂着自身容量超载、环境质量改善复杂等难题。在我国工业化、城市化推进的过程中，前期并没有过多地重视生态环境的问题，虽然采取“优先发展重工业”的政策使得一些高污染的工业逐步发展起来，对我国经济的发展的确做出了突出的贡献。但是，工业“三废”的不恰当堆积与排放、人口数量的激增以及其他不合理的生产投资与建设活动，致使绿色植被覆盖率明显降低、极端天气时有爆发，无论是土地资源还是水资源对我国经济发展的制约都越来越严峻。从发展形势来看，目前国家工业化、城镇化进程仍将处于推进阶段，

① 金春．产能过剩的政府干预及治理研究［J］．河北学刊，2018（05）：218-223.

加之前期发展遗留的诸多环境问题，仍处于高位水平的环境压力之下，我们面临着新旧叠加的问题与压力，应对环境问题的难度和风险也随之明显增大①。基于此，在我国经济发展的转折期，在新的发展阶段，我们必须注重经济建设对环境的影响，进行适当的基础设施投资建设、实现可持续、绿色、协调的经济发展。

3. 生态方面，生态问题较为突出

长期以来，我国一直注重生态保护和建设工作的开展，并实施完成了许多工程项目。例如，基于开发“四荒”为目的的水土流失治理工程、基于解决土地退化问题以开发带动治理的生态建设工程以及为修建包兰铁路在沙坡头探索出来的“麦草方格”固沙措施等②。但是，目前生态保护与建设的进程和我国经济发展过程中生态破化的程度并不能同步。由于我国一些地方生态保护和建设工作侧重点在于数量，致使生态系统质量并不高。生态系统破坏严重，生态系统修复力度与效率不足，这些问题越发成为新时期我国经济绿色、可持续发展的阻碍。与此同时，随着目前我国经济下行压力的不断加大，经济发展与生态保护之间的矛盾日益突出，区域生态环境功能下降、统筹协调保护的难度加大，这些问题都是阻碍我国经济发展的因素③。今后，我国应该致力于经济结构的优化调整，经济发展与生态保护之间尖锐的矛盾必须缓和，生态保护和建设是这一时期不容忽视的环节，应把生态问题放在显著的位

① “十三五”时期环境保护面临八大挑战［EB/OL］.（2015-09-15）［2018-05-12］. http：//huanbao. bjx. com. cn/news/20150915/663431. shtml.

② 张慧远，郝海广，翟瑞雪，等．“十三五”时期国家生态安全的若干问题与对策［J］. 环境保护，2017（01）：25-30.

③ 王前进，王希群，陆诗雷，等．生态补偿的经济学理论基础及中国的实践［J］. 林业经济，2019（01）：3-23.

置，绿水青山就是金山银山，构建和维持良好的生态系统是经济发展过程中应坚守的原则。

综上可知，今后一段时期贵州内陆开放型经济试验区基础设施融资面临的新形势是机遇与困境并存。从基础设施融资物质基础来看，新中国成立以来我国通过出台各项经济发展政策，工业化与城镇化发展水平逐步提高，国内整体经济条件较为优越。但是，由于国家政策的区域化发展以及“先富带动后富”的战略选择，致使我国经济发展呈现区域不协调现象。近年来，国家虽有向西部落后地区政策倾斜的行动，但是基于历史的局限性，加之原始资源、环境、生态问题的复杂性，结合实际的发展环境，今后一段时期贵州内陆开放型经济试验区基础设施融资问题应着重于把握所面临的机遇，应对发展劣势，从绿色、可持续的角度合理地解决。

（三）从省内看，贵州内陆开放型经济试验区基础设施融资的软硬环境需要进一步改善

随着新型城镇化的进一步推进，贵州同样肩负着基础设施建设与逐步完善的重任。新中国成立特别是改革开放以来，贵州地区生产总值呈现出逐年稳步递增的态势。但是，由于基础条件薄弱，人均收入比较低，贵州仍然是西部地区乃至全国经济社会发展较为落后的省份，基础设施的建设主要是依赖于财政投资与银行贷款，资金的制约已成为当地基础设施建设的主要瓶颈问题。整体来看，贵州内陆开放型经济试验区基础设施融资的软、硬环境均需要进一步改善。贵州内陆开放型经济试验区基础设施融资主要存在以下几方面的问题：

1. 地方政府自身财政对基础设施投入不足与当地基础设施融资需求扩大的矛盾日益突出

基于贵州的实际情况，基础设施建设的投融资主要是依赖地方政府。目前，先天的地理位置劣势造就了不便的交通和落后的产业发展，贵州仍然属于我国西部内陆落后的区域。近年来，由于经济发展势态较为强劲，再加上国家和本地政策支持，贵州地方政府收入水平明显提高。数据显示，2017 年全省一般公共预算收入完成 1613. 64 亿元，根据全面推开“营改增”试点等规定，调整 2016 年同期基数后，同口径（下同）增收 108. 72 亿元，增长 7. 2%。其中，省本级完成 295. 21 亿元，增收 15. 38 亿元，增长 5. 5%；市县级完成 1318. 43 亿元，增收 93. 34 亿元，增长 7. 6%①。《中国城市建设统计年鉴》的相关资料显示，近年来贵州基础设施建设固定资产投资总额整体呈上升趋势。但是，对照 1994 年世界银行发布的关于基础设施建设的发展报告中发展中国家基础设施建设投资比例的标准，贵州基本达不到要求②。基于此，我们可以得出“贵州基础设施融资量远低于资金需求量”的结论。由于相关政策的优势没有明显发挥出效果，加之当地居民对基础设施的需求不断扩大，基础设施建设的需求资金缺口越发扩大。综合来看，贵州地方政府自身财政投入不足与当地资金需求之间的矛盾较为突出。

2. 基础设施融资平台建设不完善，融资难、融资贵的问题较为明显

基础设施融资平台作为贵州主要的融资主体，运作的主要模式是通

---

① 2017 年贵州省财政收支情况［EB/OL］.（2018－01－22）［2018－05－12］. http：//www. gzgov. gov. cn/xwdt/dt_22/bm/201801/t20180122_1091405. html.

② 许可 . 贵州省城镇化建设投融资效率研究［D］. 贵阳：贵州财经大学，2017：6-10.

过各种方式融资后，由政府部门组织投入到基础设施项目之中，目前还没有进行完全的市场化运作①。但是，基于相关政策以及平台自身存在的问题，贵州基础设施融资平台建设需要进行转型。2014 年，国务院发布了“43 号文件”要求剥离融资平台的政府融资职能，意味着基础设施融资平台的融资渠道进一步收窄②。虽然基础设施融资平台有一些弊端，随着时代的变迁也可能会被其他新型企业取代。但是，基础设施融资平台的退出是一个逐步引导的过程，贵州应该积极地完善基础设施融资平台的建设，使其在基础设施融资的过程中充分发挥作用。

就贵州基础设施融资平台自身的问题而言，有以下几点。首先，政府的定位问题。在整个融资过程中政府发挥着主导作用，融资平台对政府的依赖性比较强，自身的独立性比较差。平台公司不仅没有自主选择基础设施项目的权力，也没有项目的管理权与收益获得权，致使基础设施融资平台资金循环利用困难，很难持续发展。其次，贵州基础设施融资平台存在债务规模过大的问题。虽然基础设施融资平台在一定程度上产生负债能够保证项目的正常运营，但是负债规模需要有一个适当的限度以避免出现资不抵债的结果。再次，贵州基础设施融资平台监督机制有待进一步健全、融资风险防控体系有待进一步完善。综上所述，贵州基础设施融资平台建设的不完善，直接导致了贵州内陆开放型经济试验区基础设施的融资难、融资贵问题。

3. 基础设施融资渠道不畅通，居民投资能力不强

我国基础设施主要以国有资本经营为主，世界银行的报告显示，发

① 李波．贵州省地方政府融资平台可持续发展研究［D］．贵阳：贵州大学，2015.

② 陈骥．地方政府融资平台退出机制法律问题研究［D］．上海：上海师范大学，2015.

达国家地方政府负担的基础设施建设部分约为35%，发展中国家平均为13%左右，而中国却超过了50%①。分析其原因，一定程度上是由于我国基础设施多元化融资体系尚未形成，加之民间资本不足或是民间资本进入基础设施融资体系门槛较高所导致的。这一问题不仅在国家整体上显现，对于贵州内陆开放型经济试验区同样如此。此外，贵州基础设施融资渠道较为单一，其中银行贷款融资比重较大、直接融资比重较低。由于基础设施建设的周期较长而银行贷款期限相对较短，使得该融资方式的潜在金融风险较大。由于当地居民的收入来源没有牢固的保障，资金外流的现象相对比较严重，居民的投资能力不足。随着国家政策的倾斜，内陆开放型经济试验区的设立使得当地经济发展水平取得了大幅度提升，但是我国民间资本进入基础设施受到严格的政策限制，即使民间有着巨大的资本潜力，也没有办法在基础设施融资领域发挥相应的作用。

（四）农村基础设施建设滞后

农村基础设施是农业生产力的基本要素，是农村经济发展的“先行资本”②。要想转变农村经济发展方式，就必须加快农村基础设施（主要包括水利、公路、水运、电网、信息、物流等）建设。农村基础设施建设离不开融资的支持。一般来说，农村基础设施建设的水平在很大程度上受农村基础设施的融资水平制约。目前，农村基础设施融资依然是贵州整个农村基础设施建设中最薄弱的一环，严重阻碍了其农村基

① 城镇化过程中的基础设施融资需要改革创新［EB/OL］.（2013-12-04）［2018-05-12］. http：//www.ccud.org.cn/2013-12-04/113648529.html.

② 靳永翥，杨胜美．农村基础设施建设中的融资渠道及资金使用绩效评价——以贵阳修文县久长镇农村串户路为例［J］. 贵州大学学报（社会科学版），2014（03）：25-31，42.

础设施建设的进程。因此，贵州要下大力气提高农村基础设施的融资能力，更好地为农村基础设施建设服务，这也是当前贵州解决“三农”问题与转变农村经济发展方式的迫切要求。贵州属于经济“欠发达、欠开发”地区，长期以来，受到地理环境、自然条件和资源的限制，贫困和落后是其主要矛盾。而贵州农村基础设施建设由于融资不足，导致农村基础设施建设滞后。因此，贵州在进行农村基础设施建设的过程中，必须结合本省的客观实际情况，切实提升融资水平。要在对贵州农村基础设施融资进行大量调研的基础上，分析贵州农村基础设施现有的融资模式和一些成功的案例，发现存在的问题，提出创新的对策建议。这样可以增强贵州农村基础设施融资模式创新的可操作性与针对性。由此可知，创新农村基础设施融资模式以改变贵州农村基础设施建设滞后的局面，是当前贵州面临的一个重大课题。

通过上述分析，今后一段时期，由于贵州内陆开放型经济试验区基础设施融资存在的地方政府自身财政对基础设施投入不足与当地基础设施融资需求扩大的矛盾突出、地方政府融资平台建设不完善、基础设施融资渠道不畅通、农村基础设施建设滞后等问题，贵州内陆开放型经济试验区基础设施融资的软硬环境均需要得到进一步改善。

二、贵州内陆开放型经济试验区基础设施融资面临的新要求

基础设施融资是由特定的融资主体组织的，针对公共设施及配套服务体系建设以促进地区经济发展为目的而采取的筹集资金的手段。由于基础设施本身所具有的特性，一定程度上，基础设施建设的完善程度体

现着一个国家或地区的经济发展水平。融资量决定着社会资源的占有量，即拥有足够多的金融资源，就能占据经济发展的主动权。今后一段时期是贵州内陆开放型经济试验区基础设施建设的黄金期，对融资的需求将突发性增长，为金融发展提供难得的机遇，当然也带来了一定的压力。此外，基础设施建设与经济增长之间存在着必然的内在关联，基础设施投资是一个地区经济发展的基石。我国经济转型的不断推进，对各地方政府提出了新的要求，特别是像贵州这样具有特殊省情的省份面临的挑战更加严峻，对地方政府所提供的公共产品和服务的要求更高，这决定了贵州地方政府需要大量的资金来完成所承担的任务。近年来，随着工业化与城市化的进一步发展，贵州内陆开放型经济试验区基础设施建设中较为单一的以银行贷款为主的融资方式已经不能满足基础设施项目建设的融资需求，迫切要求基础设施项目吸收更多、更新的投资主体，开辟新的融资渠道。通过调查分析发现，贵州内陆开放型经济试验区融资主要面临着积极创新基础设施融资理念，深化基础设施融资体制改革，拓宽基础设施融资渠道，创新基础设施融资体制机制，规避基础设施融资风险等方面的新要求。

（一）基础设施融资理念要与时俱进、积极创新

在新的发展阶段，贵州基础设施融资理念需要不断地改革创新。要坚持以马克思列宁主义、毛泽东思想、邓小平理论、“三个代表”重要思想、科学发展观、习近平新时代中国特色社会主义理论为指导，开展政治、经济、文化、生态各方面的建设。从贵州区域性指导思想来看，在坚持国家总的方针政策前提下，需要结合本地的实际情

况将其细化为适合贵州基础设施融资的具体指导思想。内陆开放型经济试验区在贵州设立以来，国家的各项政策倾斜为贵州的发展提供了前所未有的机遇，贵州在这一时代背景下需要不断更新经济发展理念，结合“大数据、大生态、大开发”的发展战略，积极创新内陆开放型经济试验区基础设施融资的发展理念，用创新理念指导本地基础设施融资，助力贵州内陆开放型经济试验区抓住基础设施建设的各种机遇。

（二）深化基础设施融资体制改革、贯彻落实各项方针政策

新形势下，要求贵州内陆开放型经济试验区充分挖掘基础设施融资潜力，构建新型基础设施融资体系，形成政府引导、市场运作、社会参与的多元化基础设施融资格局。贵州内陆开放型经济试验区现有的基础设施融资体系中存在一些问题，长期以来形成的以政府为主导的基础设施融资格局中，民间资本还没有充分参与到基础设施融资的过程中。贵州内陆开放型经济试验区基础设施融资体系中政府“一家独大”的局面不仅造成了资源的闲置甚至外流，而且不利于新时代贵州内陆开放型经济试验区基础设施融资问题的解决。此外，在新的发展阶段，贵州内陆开放型经济试验区基础设施深化融资体制改革应提高直接融资的比重，减少间接融资所带来的金融风险；充分利用外资，最大程度地发挥政策的优势，以本地的经济潜力点以及高效、便捷的服务体系吸引国外的企业来当地进行基础设施建设投资，在吸引外资“走进来”的同时解决贵州内陆开放型经济试验区融资的难题、打造试验区的经济发展特色。

（三）拓宽基础设施融资渠道，实现基础设施融资主体多元化

从目前贵州内陆开放型经济试验区的融资渠道来看，存在融资主体较为单一，融资平台规范管理和资产实力需要进一步加强的问题。今后一段时期，贵州所面临的经济发展机遇与挑战，要求其在内陆开放型经济试验区基础设施融资过程中，积极地拓宽融资渠道，实现融资主体多元化，这一要求较以往任何一个时期来说都更为迫切。只有拓宽了融资渠道，才能为基础设施建设资金提供来源，才能最大限度地筹集民间闲散的资本，最终以“积少成多”的集聚效应，促进贵州内陆开放型经济试验区基础设施的建设。此外，新形势下要求贵州内陆开放型经济试验区基础设施融资过程中融资主体多元化。在坚持以地方政府为基础设施融资主导的前提下，积极发挥企业在基础设施融资过程中的主体作用。企业是国家发展的经济载体，资金的正常流转是企业存在的基本前提，把企业的储备资金投资到基础设施建设中来，是今后一段时期贵州内陆开放型经济试验区基础设施融资的一大着力点。

（四）创新融资体制机制，推出贵州基础设施融资及经济发展创新型模式

从贵州内陆开放型经济试验区现行的融资机制体制来看，已经不能适应当前的基础设施融资需求，因此，贵州内陆开放型经济试验区要求创新改革融资机制体制，用有力的政策引导融资平台进行转型。此外，从基础设施融资问题来看，我国部分地区都推出了适合本地经济发展的基础设施融资模式，如融资规划同基建规划并轨的上海模式；土地整理“双循环”的昆明模式；“渝富+八大投”的重庆模式；

以“特定目的公司”取代城投公司的天津模式等。新形势下，贵州内陆开放型经济试验区也应推陈出新，积极创新探索适合本区域发展的基础设施融资模式。究其根本，贵州内陆开放型经济试验区基础设施融资难、融资贵主要由于当地经济发展内生活力不足，唯有本地经济发展水平得到实质性提高，才能储备充足的资金进行基础设施建设。从目前来看，贵州本土探索出的六盘水市“资源变资产、资金变股金、农民变股东”的“三变”经验和普定县秀水村“秀水五股”模式取得了显著的成效①。据此，在新的发展形势下，贵州内陆开放型经济试验区基础设施融资难题的解决要求当地不断创新经济发展模式以带动经济发展。

（五）规避基础设施融资风险，防患于未然

综合来看，新形势下贵州内陆开放型经济试验区基础设施融资迎来了新的发展机遇。但是，机遇总是伴随着风险。融资监督预警机制的不完善，使得基础设施建设过程中地方政府债务风险暂时被隐藏，且会造成资源的浪费与融资效率低下的问题。与此同时，贵州现行的基础设施融资体制机制不完善，基础设施融资平台债务负担较重等问题可能会引发基础设施融资平台的信用风险。而且，国家的各项方针政策以及贵州政府出台的各项指导意见的贯彻落实都离不开监管机制的约束。所以，新形势下，要求贵州内陆开放型经济试验区完善监督体系建设、规避基础设施融资风险，防患于未然。

综上所述，今后一段时期，贵州基于内陆开放型经济试验区的政策

① 张敏娜，陆卫明，王军．农村“三变”改革的“中国特色社会主义政治经济学”意义［J］．西北农林科技大学学报（社会科学版），2019（01）：137-145.

定位，应该在充分把握国际、国内、省内的发展形势，充分挖掘内陆开放型经济试验区政策优势的前提下，准确地做好区域基础设施融资政策规划。推动当地基础设施融资问题的解决，刺激贵州地方经济的发展需求，实现地区经济发展水平和发展效率的提高，为其他地区的经济绿色、健康、协调、可持续发展提供经验借鉴。

第四章 CHAPTER FOUR

国内外基础设施融资经验及启示

第一节　国外城市基础设施融资经验及启示①

基础设施是一个国家或地区经济、社会可持续发展的重要保障，也是城乡居民生产、生活的基础。融资是基础设施可持续发展的需要，一直以来，一些发达国家都将它作为基础设施建设的头等大事，并积累了丰富的经验。党的十九大报告明确指出，中国特色社会主义进入新时代。为了更好地推动新时代中国基础设施建设，需要借鉴发达国家在基础设施融资方面的成功经验。本书主要通过介绍美国、英国、日本等发达国家基础设施融资的经验，总结出新时代中国基础设施融资的政策启示。

一、国外基础设施融资的经验

（一）美国基础设施融资的经验

1. 融资主体

在基础设施建设的融资进程中，美国形成了以政府为主导、私人资本广泛参与的多元化融资主体。对于规模较大的基础设施建设，如水利设施、灌溉设施、重大环保项目等，由联邦政府和州政府投资修建；规模居中的基础设施由地方政府投资修建，建成后由服务部门进行有效管理或者采取公私合营的形式进行管理与运营；较小的基础设施则由个人

① 李靖，李盼杰．新时代基础设施融资的国际经验及启示［J］．贵阳市委党校学报，2018，(03)：36-41.

或者联合投资进行修建和运营，但需要接受政府的监管。由于基础设施建设具有耗时长、回收慢、公共效益外部性的特点，一般需要足够的资金支持，而社会资金流进了收益比较高的部门，这时就需要政府财政的投资和补贴来促进基础设施建设。与此同时，美国政府为了鼓励私人资本对基础设施进行投资，也会积极出台免交财产税、优先购置土地权等政策性优惠。例如，马里兰州乔治王子郡30%~40%的水利设施建设筹集的资金、大约80%的污水处理设施的融资都来自私人部门①。此外，对于收益不足以偿还债务的基础设施项目，美国也会以燃料税等特殊税用于补贴收益。可见，美国私人部门投资在基础设施融资方面也发挥了重要作用。

2. 融资方式

美国基础设施融资主要是通过联邦政府和州政府发行的各类市政债券来筹借②。市政债券有两大类，一类是一般责任债券，另一类是收益债券。1985年，美国发行的市政债券达到1.93亿美元，实现了历史上第一次市政债券的巅峰③，有效地推进了美国基础设施的建设。截至2013年，美国市政债券发行量超过1900亿美元④。此外，美国也通过政府拨款、地方税收收入等做担保的项目收益债、项目融资（如排水、环境、废水处理和垃圾处理等）、基础设施基金等形式来筹集基础设施

① 范必，郭濂，杜帅，等. 利用PPP模式优化地方政府债务结构和管理——美国基础设施投融资PPP模式的做法与借鉴［J］. 开发性金融研究，2015（04）：44-47.

② 代登伟. 丽江市金山高新技术产业经济区基础设施融资研究［D］. 昆明：云南大学，2015.

③ 李妍，李健. 国外基础设施融资方式对河北省的启示［J］. 北方经贸，2014（11）：75-76.

④ 邓靖. 国外市政债券融资的经验及启示［J］. 中国财政，2015（05）：72-74.

建设的资金。如今，基础设施基金的发展规模和总资金数量更加庞大，日益成为基础设施建设筹借资金的重要渠道，加快了基础设施建设的步伐，推动了融资渠道的日益市场化。另外，资产证券化融资模式作为美国基础设施融资的一种渠道，主要用于自然资源、公园等项目的建设，有效地拓展了基础设施融资的渠道。到 2010 年，美国资产证券化产品存量达到 1118 万亿美元①。

3. 金融支持

美国的基础设施融资得以实现源于建立了发达的金融市场。发达的金融市场和资本市场可以迅速实现社会资本的集中，通过金融支持的巨大作用满足投资者的需求，帮助投资者借助资本市场的金融创新工具实现融资。美国的金融市场是包括股票市场、国债市场、企业债券市场在内的资本市场的总和。2007—2012 年，美国利用金融市场累计发行市政债券额度达到 2. 3 万亿美元，比 2001—2006 年增加了约 21%②。首先，发达的商业金融、商业保险为基础设施信贷资金提供了融资的窗口。其次，发达的金融机构也通过出售有价债券、发行债券、上市融资等形式来进行基础设施融资。最后，联邦银行、联邦信贷银行、合作银行为投资者利用金融募集资金创造了良好的条件。发达的金融市场为美国基础设施融资提供了资金源泉，使基础设施融资的资金需求能够从金融市场筹集。

4. 融资制度

美国基础设施融资的顺利实现有赖于建立了比较完善的基础设施融

① 李世刚，曹玉瑾．金融支持城镇化发展的国际经验及对我国的启示［J］．中国物价，2017（04）：62-64.

② 杨中华．国家级新区基础设施融资研究——以珠海横琴为例［D］．广州：华南理工大学，2016.

资的法律体系和融资制度。例如，为了确保债券融资体系的稳定，美国在2015年先后颁布了《证券法》《证券交易法》《投资公司法》《投资顾问法》等多部法案，用于保障基础设施融资①。早在1923年，美国也曾颁布过《土地银行法》《农场信贷法》等法律来保障基础设施融资②。伴随着20世纪80年代基础设施市场化的改革，美国也充分发挥了市场机制的竞争功能，“能交给市场的都交给市场”，建立了针对垃圾收集、污水排放等基础设施的用者付费制度，建立了财税分权的市政债券融资制度，有效地推进了基础设施的建设。用者付费制是美国地方政府预算来源的25%，已经成为美国基础设施融资的重要制度③。完善的法律体系和有效的制度安排，在美国基础设施融资过程中发挥了重要作用。此外，为了规范基础设施融资行为，美国采取了针对融资风险进行防范的有效措施。例如，美国政府通过规定州政府发行债券的政治约束条件，要求根据州全体居民的批准和信用的等级来决定州政府是否可以发行债券，用于强化债务系统的持续稳定。美国政府还通过设立专门负责管理债券的机构——债券法规制定委员会，来负责债券市场的管理，通过规范投资者的行为达到对债券市场的政治约束，实现有效的融资风险管理。美国政府还通过完善担保机制、信息披露机制、建立信用评价体系、风险化解机制以及制定规划，来强化基础设施融资风险的管理，通过保护投资者的利益，推进基础设施融资的顺利进行。例如，美国的雨洪管理就是通过低强度的开发和最优化的管理策略，来实现管理

① 邓靖．国外市政债券融资的经验及启示［J］．中国财政，2015（05）：72-74.

② 张洁．美国农业基础设施融资问题及启示［J］．世界农业，2016（01）：167-171.

③ 王秀云．城市基础设施投融资体制改革的国际经验及对我国的启示［J］．中国城市经济，2007（06）：80-83.

与发展的①。

（二）英国基础设施融资的经验

1. 融资主体

英国政府在基础设施融资过程中注重培育融资主体，形成了以民间投融资为主的多元化融资主体。1979 年之前，英国主要依靠政府投资来实现对基础设施的运营，融资主体单一，加剧了政府的财政负担。1979 年，英国推行市场化为导向的融资体制改革，将基础设施融资完全交给市场，形成了以私人融资为主的基础设施融资主体多元化的模式。1979 年撒切尔夫人推行民间私人融资体制的改革，推动了英国基础设施领域私有化的进程，使社会建设尤其是基础设施建设领域的民间融资、私人融资变得异常活跃。1997—2015 年，英国完成签约的民间投资额约达 1000 亿英镑②。正是私人资本的广泛进入，推动了英国基础设施融资主体日益多元化。英国对可经营性基础设施的融资主要采用社会招标与运营权限的转让的方式进行，充分发挥了民间资本的作用，调动了民间私人投资的积极性。在整合社会民间资本的进程中，交由获得特许经营权的私人部门进行自来水供应、污水处理、垃圾处理等基础设施建设与运营，大大提高了政府的财政支出效率。获取特许经营权的私人部门可以按照政府基础设施建设的标准自行通过市场筹资建设基础设施，对于其成本可以通过向民众收取一定费用或政府财政补贴的形式

---

① 宋彦，张纯，刘志丹，等．美国公共基础设施实施保障的经验及借鉴——深圳南山区案例的评估与反思［J］．国际城市规划，2014（3）：97-102.

② 杨中华．国家级新区基础设施融资研究——以珠海横琴为例［D］．广州：华南理工大学，2016.

逐渐收回。英国对非可经营性的基础设施的融资主要通过向投资人出资购买私人部门的服务或者采用 BT 模式进行。

2. 融资方式

英国政府普遍采用 PPP 模式进行基础设施融资，包括 PFI 和 PF2 两种形式。2012 年之前，英国政府采用最多的 PPP 模式是 PFI，累计 700 多个项目的基础设施融资都是通过这种模式来完成的。2012 年之后，英国政府采用最多的是 PF2，通过政府参股的形式吸引长期私人部门，通过资本市场的债务融资进行基础设施融资①。另外，英国政府也鼓励投资者通过发行绿色债券、环境信用额度债券、统筹债券等形式进行基础设施融资。例如，2014 年英国公司 Unilever 就发行了约 2.5 亿英镑的绿色债券，用于基础设施融资②。英国政府在市场化改革中也摸索到一些新的融资渠道进行基础设施融资，如合同出租。1988 年《地方政府法案》的出台，扩大了私人部门的合同和服务竞争的程序，使环境、公共设施等领域的基础设施融资都建立在合同的基础上，公共服务的合同出租得到了迅速发展，日渐成为英国基础设施融资方式的重要组成部分。

3. 金融支持

英国基础设施融资的实现得益于拥有发达的金融市场，可以使私人部门的基础设施融资较为自由地实现，使私人部门通过融资机构、金融机构、证券机构以及同业拆借的形式来实现。发达的金融市场可以使中小型企业或者私人部门借助资本市场的平台以公开上市、发行有价债券

① 周好甲. PPP 发展的国际经验［J］. 中国金融，2016（04）：79-81.

② 黄鑫. 基础设施债券融资的国际经验［J］. 金融市场研究，2015（01）：73-78.

的形式进行融资。英国发达的金融市场除了发达的主板市场可以为私人部门的基础设施融资，二板市场与三板市场也可以为私人部门的基础设施融资。另外，英国也通过商业银行、保险公司等发达的金融市场或政府的优惠政策、基金设置的形式来吸引更多私人资本的进入，从而促使私人资本流向基础设施建设的领域。此外，英国政府也注重金融投资与财政投资的结合，通过设立政策性金融和专业开发银行来保障基础设施建设的融资。英国的政策性开发银行的资金来源一般包括：资本金、借入资金、发行债券、基金等，其专业开发银行的资金来源一般是合同性的养老金或者社会保险金等。凭借发达的金融市场，英国基础设施建设的资金需求得以满足。

4. 融资制度

在推进市场化进程中，英国政府也注重发挥自身的职能，通过宏观调控的手段，对基础设施融资实行有效的监管。例如，1989 年，为了对供水和污水处理设施有效地监管，政府设立了国家级的环境和地区事务部、江河管理局、水务办公室、饮用水稽查处等机构来保障基础设施建设和提供的产品、服务达到标准。英国政府也通过财政补贴、政府采购、项目合同、授予经营权、购买服务等形式，通过政府之间的密切配合，形成了中央政府决策，地方政府操作的基础设施融资特点，实现了对基础设施的有效监管和服务民众的功能。英国财政部及下属的基础设施局（IUK）是英国政府专门负责基础设施管理的行政机构，充分发挥了政府对基础设施融资的宏观调控能力。此外，英国政府也善于利用手中的特权针对基础设施融资风险采取强有力的举措，有效地控制了融资的风险，强化了对基础设施融资项目的有效管理。例如，英国政府为了规范私人部门投资签订的合同，要求其必须符合政府的法律规范，对基础设施建设项目风险共担，利益共享，以此来强化对私人部门融资风险的有效管理。英国政府建立的地方资本开支控制体系，也有效地约束了地方政府的信贷活动，对融资风险实现了严格控制，还就私人部门的权利与义务进行了严格规范，以经营合同的形式强化了政治特权对融资风险的管理①。

（三）日本基础设施融资的先进经验

1. 融资主体

日本政府在基础设施建设融资过程中，形成了以政府为主导的多元化的融资主体。大型的基础设施项目由政府投资修建，产权归国家所有；居中型的基础设施项目由都道府投资修建，建成后产权归都道府县；小型的基础设施项目则由个人或者联合起来的合作组织投资修建，但需要接受政府较多的财政补贴，占全部投资的80%或者90%②。在基础设施融资上，财政补贴也在日本基础设施筹资中发挥了重要作用。日本政府非常重视关乎国计民生的基础设施建设，以财政的形式投入大量的资金用于生活环境整治、环境的保护与管理等基础设施的改善。2000年以来，日本政府对基础设施融资发挥了自身的主导作用，推进了财政投融资制度等一系列改革，以国家信用为担保有效地保证了基础设施融资的进行，促进了融资主体的多元化。

2. 融资方式

日本筹集基础设施建设资金主要以国债的形式优先向大财团、银行

---

① 林豆豆．城市水资源基础设施建设及PPP融资商业模型设计［J］．中国资源综合利用，2017（04）：98-103.

② 董文超．我国农村基础设施融资问题研究［D］．兰州：兰州交通大学，2015.

等机构投资者发行长期金融债券，包括普通债券和公共企业债券。地方公共企业债券多用于基础设施的自来水、下水道的整治方面的设施建设①。除了通过发行债券来筹集资金，日本还通过国家担保吸引邮政储蓄、养老保险金等资金对基础设施进行低息投资的形式来筹集资金或者通过低息贷款、按照市场利率来筹集资金。例如，1951 年，日本开发银行提供低息贷款给基础设施建设项目，就是以国家担保为后盾进行的融资②。日本政府还通过官民合资的股份公司上市、股份制改革的国有企业民营化、PFI 项目融资、PPP 项目融资等形式，进行基础设施建设的融资，有效地拓展了融资渠道，形成了市场化的融资方式。

3. 金融支持

日本金融系统是以政府为主导，财政资金为后盾，政策性金融与合作性金融密切配合并以社会保险制度为保障的系统。在金融系统中，日本政府以财政为后盾对其基础设施融资的企业经济行为进行干预，实施政府控制或者政府控股，并主导关乎国计民生的基础设施融资。日本政策性金融主要是通过金融机构发行金融债券的形式筹借资金，保障基础设施融资。日本合作金融主要是依照行政区将合作金融划分为上、中、下三个级别，三个级别的合作金融各自经营、独立核算，但又互相配合。此外，日本还设立了专门性金融机构用于基础设施融资。1951 年，为了推动基础设施建设，日本政府成立了开发银行，通过提供低息贷款的形式实现了基础设施融资。日本还设立了长期信用银行，通过吸引储户储蓄资金流入基础设施领域，以金融债券的形式向商业银行发行，再

---

① 刘旭明．天津市绿化项目融资模式研究［D］．天津：天津大学，2008.

② 高希红．基础设施投融资模式国际经验及借鉴［J］．合作经济与科技，2014（18）：76-77.

以商业银行储户的储蓄进行回购来保障基础设施融资。

4. 融资制度

20世纪60年代以来，日本政府通过制定《新事业创新促进法》《北海道开发法》《水资源地区对策特别措施法》等法律①，成立“民间都市开发机构”，加强了对垃圾处理、水道、公园等基础设施的管理。1997年日本政府为了推动PPP模式的运行，出台了《PPP推进法》②。此外，日本在基础设施融资过程中，也积极通过优惠政策，以低税率、低息的形式促进社会的资本积累，建立了政府支持的低息信贷制度。为了规范投资者基础设施融资的行为，日本也采取了一系列可行的措施。例如，日本政府为了维护融资系统的稳定性，对没有政府担保的融资机构发行的债券进行限制，通过严格的审查和考核来防范基础设施融资风险，或者通过国会表决的限制来约束融资机构发行债券的额度及其规模，将基础设施融资的计划置于国会的严格监管之下，从而实现对融资风险的有效管理③。

二、国外基础设施融资的经验对中国的启示

通过对美国、英国、日本等主要发达国家基础设施融资的分析，我们可以从中总结出基础设施融资的一般性经验。这些经验对完善新时代中国基础设施融资的相关政策与法规，促进基础设施融资创新等具有一

① 董文超. 我国农村基础设施融资问题研究［D］. 兰州：兰州交通大学，2015.

② 陈志武. 浏阳制造业工业园区基础设施融资模式的诊断与优化设计［D］. 长沙：中南大学，2006.

③ 林豆豆. 城市水资源基础设施建设及PPP融资商业模型设计［J］. 中国资源综合利用，2017（04）：98-103.

定的借鉴意义。

(一) 基础设施建设需要形成多元化的融资主体

新时代中国基础设施融资需要发挥政府的主导作用，形成投资者广泛参与的多元化融资主体。正如美国、英国、日本等主要发达国家基础设施融资实践证明，城市基础设施建设和运营中民营部门的参与，能够弥补政府财政空间的不足①。我国政府需要放宽社会直接融资的限制，鼓励和引导投资以特许经营等形式或适当放开地方政府发行债券等方式进行基础设施融资，促使形成多元化的投融资主体，提高基础设施建设的质量与效率。另外，政府还要充分考虑我国财政体制改革滞后的因素，不断地推进财政体制的改革，通过鼓励投资者收取服务费与财政适当补贴相结合的形式，促使更多投资者的资本流入基础设施建设领域。此外，还需要我国政府充分发挥在基础设施融资中的主导地位，以国家信用为担保推进多元化的融资主体进行基础设施融资。例如，借鉴日本制定的各种财政投融资机构原则上自行融资，发行债券的政策，推进我国的基础设施建设。以国家担保为基础的融资能够确保投资者的资金得以回收，也能维护融资系统的稳定。可见，新时代中国基础设施融资，唯有形成多元化的融资主体，让民营资本参与经营性城市基础设施建设，使政府集中更多财力进行非经营性基础设施项目的建设②，才能确保基础设施融资的顺利实现。

① 城市基础设施投融资的国际经验——刘志博士在上海财经大学的演讲［N］. 解放日报，2014-05-24（005）.

② 刘春杰，付强．国内外城市基础设施融资经验借鉴［J］. 浙江经济，2005（10）：25-27.

（二）基础设施建设需要有市场化的融资方式

新时代中国基础设施融资需要鼓励和引导社会闲散的民间资本流入基础设施领域，借助社会财力和政策性工具，创新基础设施融资的方式，促进市场化融资方式的形成，同时也要借鉴日本等发达国家通过发行债券、项目融资、低息贷款或投资资金等进行基础设施融资的举措，建立适合我国国情的融资举措与融资方式。另外，我国政府也需要设立绿色工程、环保工程、污水处理等基础设施的专项基金，通过引进PPP、PFI、公私合营等融资模式，灵活使用基金投资、资产证券化等金融工具，推动基础设施融资探索多元可持续的项目资金源泉和市场化的融资方式，来保障基础设施融资方式的市场化和灵活性，从而推进新时代我国基础设施融资与建设。此外，我国政府也需要引进新型的债券类型和债券结构，吸引我国投资者的目光，从而撬动更多的民间资本对基础设施进行投资。例如，利用发行绿色债券、使用永续类债务工具等新型的债券类型和债券结构来推进融资方式的市场化。

（三）基础设施建设需要建立发达的金融市场

新时代中国基础设施融资需要建立发达的金融市场，发挥合作金融组织的重大作用，逐渐建立和完善我国债券发行机制和交易机制。充分运用商业金融、债券银行、商业保险、政策性银行、投资基金等机构推进基础设施的融资；深化金融体制的改革，加快构建差异性、多方位、多领域的金融市场体系；满足基础设施建设的资金需求，实现发达金融系统在我国基础设施融资中发挥重要作用的目的。由于我国目前金融市场不发达，金融系统不完善，利用新型融资手段在基础设施融资的应用仍受到限制。对此，需要尽快完善金融系统，通过深化金融体制的改革，建立发达的金融市场，从而更好地满足我国基础设施建设的资金需求。此外，我国还需要改变原有融资银行单一的融资局面，通过扩大信贷的范围、种类、规模和业务，满足基础设施信贷的需要。

（四）基础设施建设需要建立完善的融资制度

从美、英、日等发达国家基础设施融资的国际经验中，可以看到完善的融资体制对基础设施融资的重要作用。新时代中国基础设施融资只有建立一种包括调控管理、协作、竞争及公私投资者有效融合到一起的体制，才能确保基础设施融资高效率地实现。为此，我国有必要进一步完善基础设施融资相关的法规框架，通过创新和完善投资者保护制度，充分发挥社会信用在基础设施融资过程中的作用，降低投资者违约的可能性，依法协调投资者的经济利益关系，确保融资的顺利实现。同时我国作为社会主义国家，拥有比资本主义国家更加强有力的宏观调控，能够充分集中人力、物力办大事，政府要建立和完善基础设施投融资的宏观调控体系，通过宏观调控的引导功能，优化基础设施的融资，为投资者提供更加完善的融资体制。通过制定相应的政策法规、基础设施规划、特许权优惠、财政补贴等优惠政策，吸引投资者进入基础设施领域；通过建立基础设施财政融资的长效机制，提高公共财政的预算、债务管理、资产管理等方面的能力，有效地将投资资金与优先规划衔接好，从而为基础设施融资提供长期、有效的融资制度。此外，我国政府也要大胆借鉴美国等发达国家融资风险的管理经验，“实行以公有制为主体、多种所有制参与基础设施的融资体制”，按照“谁投资，谁收益，谁担风险”的原则，有效地分摊风险，降低基础设施融资风险的危险指数①。同时我国政府需要建立专门的基础设施融资管理机构，对融资风险进行有效的防范与控制。通过规范投资者的行为实现对融资的有效管理，维护融资系统的稳定与持续；建立与完善担保机制、信息披露机制以及建立信用评价体系、风险化解机制等体制机制，来强化基础设施融资的管理，从而保护好投资者的利益，推进新时代中国基础设施建设的顺利进行。另外，我国政府还需要建立全面的融资体系，加强信用制度的建设和融资行为的动态监管，通过对没有政府担保的融资机构发行的债券进行限制，以及建立强有力的信息披露体系和对投资者的财务状况、社会阅历进行反馈，加大对投资者的约束，从而有效地建立和完善地方政府的地方资本开支控制体系，达到对融资的严格管理，最终实现新时代中国基础设施融资推进基础设施建设与运营的目的。

第二节　国外农村基础设施融资经验与启示

美国、日本、韩国等国家农村基础设施建设已形成了特色鲜明的融资模式以及很多值得发展中国家与地区学习的经验。贵州可以学习国外农村基础设施融资的先进经验，结合本省的实际情况，探索出与自己相适应的农村基础设施融资模式。

---

① 王秀云．城市基础设施投融资体制改革的国际经验及对我国的启示［J］．中国城市经济，2007（06）：80-83.

一、国外农村基础设施融资的经验

（一）美国农村基础设施融资的经验①

1. 农村基础设施融资有可靠的政策制度保障

美国的农村基础设施融资有法律法规和财政补贴与税收优惠方面的保障：

（1）在法律法规保障方面，1862 年《莫里哀法》通过对土地出售得到资金，使农村教育得到了发展；1966 年《美国联邦农村完善和改革法》对农村中的投入和信贷做出了相关的规定；1914 年《史密斯—利弗法》的颁布，说明美国农村基础设施融资已形成了一定的体系；1916 年颁布《联邦农业信贷法》，成立了联邦土地银行，并初步形成了农业信贷的体系；1923 年以及 1933 年的《农村信贷法》成立了中介信贷银行和合作社银行，使得美国农村基础设施融资体系得以完善；1933 年颁布的《农业调整法》对农村基础设施建设做了进一步规定；1996 年《美国联邦农业完善法和改革法》对农业投入与信贷结合做出了比较全面的规定。这些法律政策的颁布，在政策上支持了农村基础设施的建设，对农村基础设施融资起到了很大的促进作用，使农村基础设施得到了较快发展②。

（2）在财政补贴与税收优惠方面，美国政府也给予了很多的照顾。在税收优惠方面：农民所上缴的税种少、额度低，还可以减免税费，利

① 王宇，李靖．美国农村基础设施融资的经验及启示［J］．山东科技大学学报（自然科学版），2017（增刊）：47-48.

② 毛燕玲．非营利性农村基础设施融资机制研究［D］．南昌：南昌大学，2008.

用税收政策的优惠，抑制了农村资本的外流，确保了农村基础设施的融资。又如，2014 年 7 月 24 日为了支持农村地区基础设施建设，美国建立了初始规模 100 亿美元的“农村基础设施建设基金”，政府提供税率优惠和适当补贴①。美国政府在农村的投资量和投资方向上都是比较稳定的，并且有相关的政策法规对农村基础设施的投资进行了规定。美国政府利用财政补贴的方式，支持农村基础设施的建设，使农村经济得到了稳定发展。

2. 农村基础设施融资有多元的融资主体

当前，美国农村融资主要来源于联邦政府，政府出台了一系列关于农业发展的政策，保证了农村基础设施的融资，并形成了以政府为主导，社会各阶层参与农村基础设施的融资渠道。美国农村基础设施融资一般由政府、企业以及社会团体等多方参与。大型的农村基础设施由联邦政府与州政府投资建设，目的是提升农村的生产效率和农村人口的素质；规模一般的农村基础设施则由州政府与企业联合投建建设，如饮水项目，各个州政府负责资金的提供和项目的利用规划；规模较小的农村基础设施由基层的政府和社会团体共同建设。在美国农村，教育培训及科学技术推广，主要由联邦政府提供资金，其他各个融资渠道按一定的比例进行融资。在开发一些小型项目时，地方政府在项目的建设上往往采用 PPP 模式，并在具体运营中明确了主体利益和应担负的风险与责任②。

3. 农村基础设施融资有金融机构的大力支持

20 世纪以前，美国的农村金融体系没有形成，对其也没有专门的

---

① 邹力行．美国农村基础设施建设基金特点及启示［J］．经济研究参考，2015（4）：49-50.

② 赵冬辉．中国农村基础设施建设融资问题研究［D］．哈尔滨：东北林业大学，2012.

规定，所有的农村信贷几乎都是商业组织和私人提供的。由于美国农村基础设施不断发展，对资金的需求不断地上升，美国政府开始对原有的农村金融体系进行改革。从 1916 年联邦银行的成立标志着农村金融体系的建立，到 1933 年商品信贷公司的成立对农业生产的经济补贴与农产品价格的保护提供了大力支持，对缩小农村与城市在电力通信之间的差别，确保农村人口的收入增长起到了重要作用。1935 年、1946 年先后成立的农村电气化管理局、农民家计局，为农村基础设施的发展提供了资金政策来源。1953 年，成立了小企业管理局，为小企业的利益发展提供了政策保障。经过长期的发展，美国形成了一个健全的农村金融体系①。当前，为美国农村基础设施提供融资的主要是联邦土地银行、联邦中介银行、合作银行，提供政策性融资，由于市场经济的发展，其股份化情况越来越明显。农民家计局、商品信贷公司、农村电气化管理局以及中小企业管理局是美国主要的政策金融机构，它们分别为农村的发展提供了有效的金融渠道。商业金融只是农村合作金融及政策金融的一个补充，多金融机构构成的农村金融体系使美国农村基础设施得到了快速发展。美国为农村基础设施融资成立了专门的农村信贷系统，其农村信贷系统的大量资金来源于财政的拨款，是一个政策性的信贷系统，为农村基础设施建设的发展提供了资金需要。联邦政府和地方政府为农村信贷机构提供了补充商业银行与政府信贷受益间的差额，使农村信贷机构得以正常运转。并且联邦政府抑制了商业银行为了自身利益而把农村贷款资金投放到其他领域的问题，对银行的农村贷款实行利益补贴的政策，对整个农村信贷体系都有比较完善的政策以进行规范。除了银行

① 肖东平，陈华．美国的农村金融体制及借鉴意义［J］．当代亚太，2006（6）：23-28.

的农村信贷系统，美国还建立了农村电气化管理局，专门负责农村基础设施建设，为农村电网、电气化水平的贷款以及电力发展提供了有效的资金支持①。不仅如此，农村电气化管理局还设有电气化基金，最长贷款期限可达35年，年利率仅为2%。这些针对农村基础设施建设专门建立的部门，为农村的发展提供了资金保障并使得农村基础设施得到不断改善②。

（二）日本农村基础设施融资的经验

1. 政策制度的保障

“二战”后，日本政府颁布与修改了多个法律，为农村基础设施建设的融资提供政策扶持。1961年颁布的《农业基础法》明确指出要改善农业的结构。1962年修改了《农地法》《农协法》，为农村基础设施建设提供了政策依据。1984年修改了《农振法》《土地改良法》，促进了农村人员的就业，为农村基础设施中的道路以及生活环境等的建设也提供了新的政策依据。日本政府出台了一系列法律政策，确保了城乡之间差异缩小，为农村工商业的发展带来了法律保障。如《农村地区引进工业促进法》《向农村地区引人工业促进法》等促进工业向农村转移，确保了农村劳动力的就业，缩小了城乡之间的差距，为农村地区的工业化发展创造了前提，也为农村基础设施建设的融资带来了更多的资金支持。日本政府出台的这一系列政策在一定程度上推动了农村的发展③。

2. 金融机构的支持

日本农村形成了农协、信联（信用社）以及农林中央金库（全国

---

① 赵冬辉. 中国农村基础设施建设融资问题研究［D］. 哈尔滨：东北林业大学，2012.
② 赵军蕊. 我国农村基础设施建设项目融资模式研究［D］. 大连：东北财经大学，2012.
③ 毛燕玲. 非营利性农村基础设施融资机制研究［D］. 南昌：南昌大学，2008.

级）三个融资体系，为农村基础设施的建设提供资金的扶持，这三个组织相互独立，不存在领导与被领导的关系，但上级组织对下级组织有着管理和服务的责任。作为一个基层机构，农协主要由农村居民以及其他团体入股组成，目的是给农村居民提供存款与贷款服务。信用社是这三个组织中的中层机构，主要目的是调节基层服务中心的余缺。农林中央金库是农村基础金融体系中最高的机构，主要协调全国的农联资金，对农联的工作进行协调，并且负责对下级的信息提供，对日本的农田基本建设、农业基础设施建设以及农业改良给予支持①。除此之外，政府还允许商业银行和民间金融对农村金融的支持，扩大了其支持面，为农村提供了建设基础设施的资金保障。日本形成了多种金融体系并存的局面，为农村基础设施建设提供了有效的金融支持。

3. 融资渠道多元化

日本当前的融资渠道由政府、民间融资以及农协组织融资组成。日本政府设立了多种资助和补贴，支持农村基础设施建设，投入了大量的财政资金建设农村道路以及住宅等大型的基础设施，一般对建设项目进行财政拨款和贷款，地方政府还可以发行地方债券。小型的基础设施建设一般由农户或农村合作组织来筹集资金，他们可以获得政府的各种政策性补贴以及农协组织中的信贷资金，农协可以利用自身优势吸纳资金，也可以从农协信联以及农林中央金库获得贷款。日本的多元融资渠道推动了其农村基础设施的快速发展。

---

① 吴宇，李巧莎．日本、印度金融支持农村基础设施建设的经验及启示［J］．日本问题研究，2009（1）：23-26.

（三）韩国农村基础设施融资的经验

1. 法律法规的有力保障

韩国政府对农村发展十分重视，历经了几十年的改革，形成了完善的农业法律体系。例如，《农村现代化促进法施行规则》《农村现代法》《农村振兴法》《农渔村计划法》《农渔业灾害对策法施行规则》等多部法律法规的制定，形成了比较完善的法律法规，确保了农村多个方面的发展，使农村各环节的发展都有法可依。1970 年修改后的《农业基本法》提出对农村农民的生活进行改善的政策，并且扩充了交通、电气化、通信等社会保障的政策①。1997 年颁布的《环境亲和型农村教育法》，提高了农村发展的地位，大力支持农村的发展。1998 年《农业农村基本法》对改善农业结构、农产品供需稳定、农产品交易、农村地区的开发等多个部分进行了修改，为农村的发展提供了政策基础②。2003 年的《农村振兴法》对其定义、目的、实施范围以及基金与附则等多个部分进行了修改，并且给予在预算范围内的资助金或补助金的补助③。2005 年《城乡协调发展、富有动力的农村建设》增加了保险费补助的比例，提高了农民住宅建设资金的金额，并降低了利息率，对农村学校的建设也加大了力度，招生比例也在增加。

2. 政府财政的正确引导

韩国政府建立了一系列机构领导体系，目的是提升农村基础设施建

---

① 魏志江．韩国的农村开发政策及对我国新农村建设的启示［J］．前进论坛，2006（10）：11-12.

② 黄立华．韩国的新村运动及其启示——有关农村公共产品供给的成功经验［J］．鲁东大学学报（哲学社会科学版），2007（02）：116-118.

③ 姜爱林．韩国农业农村发展立法及其若干法规内容概述［J］．法律文献信息与研究，2006（03）：12-18.

设，在各个方面大力支持农民，例如，在技术上的指导、设计的规划以及资金的支持等方面都进行大力支持。并且运用了大量的财政资金进行直接投资，为农村的发展提供了资金的保障。据相关资料显示，从新乡村发展开始至1980年的10年间，韩国政府财政累计投资多达27522亿韩元在农村基础设施上，相当于财政支出的1%。政府主要投资于供电系统和通信设施等生活环境改善的公共产品的项目，目的是改善农民的居住条件①。在新村运动的后期，农村基础设施建设的融资渠道不再仅仅是财政投资，转而更多的是支持农民贷款方式，并且通过政府的改革，使农协成为农村的唯一金融机构，同时成立了全国性的中央协议会、中央研修院等，为农村的建设培养了大量的农村技术人员。2004年，韩国政府倡导“城乡合作”，动员企业对农村实行“一帮一”支援，使农村得到了较大发展②。

3. 金融机构的大力支持

韩国政府建立了一个完善的农村金融体系，由农协、地方银行、邮局、村金库共同构成。其中村金库的占比较大，约占农村金融的57.2%；邮局所占的比例仅为11%；农协以及其他金融机构的总和大约为25%③。韩国农协成立于1957年，1961年《农村协同组合法》和1999年重新制定的《农村协同组合法》对农协的职责做了主要说明，农协对农村开发资金进行调节与供给，并且设立了中央银行信贷、信托投资以及国际金融扶持金融性业务，保障了小规模农民的发展。不仅如

① 赵冬辉．中国农村基础设施建设融资问题研究［D］．哈尔滨：东北林业大学，2012.

② 王纪孔，宁俊飞．韩国新村运动中的农村支援政策及其对中国新农村建设的启示［J］．天津商业大学学报，2009（01）：3-7.

③ 庞金波，陈慧芳，范琳琳，等．韩国农协合作金融事业对中国农民资金互助组织发展的启示［J］．世界农业，2016（05）：176-180.

此，农协的意义与一般银行也有所不同，其资金主要来源于非农部门以及非组合成员的筹集，并且把筹集的资金贷给农村生产部门以及农民，从而保障了农村发展的资金需求。

二、国外农村基础设施融资创新对贵州的启示①

（一）发挥法律法规的保障作用

农村基础设施融资必须要有法律法规作为保障，确保农村基础设施融资做到有法可依。通过对国外农村基础设施建设资料的研究不难发现：任何一个国家在农村基础设施建设上都有一整套法律作为支撑，并且随着时代的发展在不断地完善。美国、日本以及韩国农村得以迅速发展，离不开它们在农村基础设施建设上以法律政策为保障，并且使它不受时间和外界因素的影响，从而推动农业发展呈现一个稳步上升的趋势。然而，贵州农村基础设施融资的相关法律法规还未健全，对农村基础设施建设的投资思路还需不断探索。对此，贵州可借鉴国外农村基础设施融资成功的经验，利用法律法规来确保农村基础设施与农村经济、社会的发展。

（二）强化政府财政的引导作用

在国外农村基础设施建设中，政府的作用不可忽视。由于农村大部分的基础设施建设属于公共产品，且建设周期长、需要资金量大，单个市场主体很难满足农村基础设施的融资需求，政府应该发挥主要作用，

---

① 王宇，李靖．美国农村基础设施融资的经验及启示［J］．山东科技大学学报（自然科学版），2017（增刊）：47-48.

积极利用财政资金对农村基础设施的支持作用（如财政投入、担保、利差补贴、税收优惠等），促进农村经济的发展。贵州在建设农村基础设施时，应借鉴国外成功的农村基础设施建设经验，积极发挥政府的财政作用。由于当前贵州处于一个高速发展阶段，已拥有了支持农村基础设施建设的资金实力，可以在农村公共产品的供给上给予支持。此外，由于贵州当前的金融产品以及服务十分有限，供给严重不足，抑制了农村经济的发展，因此应该加大力度发展农村金融，例如，发展农村银行、小额贷款公司以及商业金融机构，不断吸引非正规金融机构的投资，结合当前实际，有必要构建一个多层次的农村金融体系。

（三）调动多元主体的参与积极性

美国、日本、韩国在建设农村基础设施时，从项目开始到融资管理运行过程中，中央政府、地方政府、企业以及村民都一起参与到了其中，各主体的责任明确，根据不同项目采用不同的融资模式，促使农村基础设施得到了一个新的发展。贵州应该借鉴国外农村基础设施融资主体多元化的经验，使各级政府部门以及私人企业与村民加入农村基础设施的建设当中，并根据不同的项目采用不同的融资模式，不断加快农村基础设施建设，从而促进农村经济的发展。

（四）创新农村基础设施融资模式

国外农村基础设施在融资渠道上主要是以政府财政为主导，其他社会各方参与建设，通过不断地实践和完善，使本国的农村基础设施得到快速的发展，在每个发展阶段，其融资渠道在不断地完善和改进。在美国，多元化的融资渠道使美国形成了生产与供给相结合的农村公共服务体系，促进了农村的发展；日本的中央政府在整个融资渠道中起着主导作用，主要是以财政补贴的形式，同时，社会融资也给农村发展带去了资金保障；韩国政府在融资渠道上以政府为主导，农协在农村基础设施的建设中起着重要作用。针对当前农村基础设施建设融资渠道窄的实际情况，贵州应该拓宽农村融资渠道，以政府为主导，加大财政对农村基础设施建设的投资，鼓励社会资本进入农村基础设施领域，创新融资模式。

当前，贵州农村基础设施建设正处于快速发展阶段，融资模式在其中起着至关重要的作用。贵州可以结合自身的实际情况，借鉴发达国家农村基础设施的融资模式创新经验，积极探索适合自身融资模式，并不断优化当前已有的融资模式，以促进农村基础设施的快速发展。

第三节 我国基础设施融资创新的实践经验及政策启示

我国基础设施融资活动是伴随着城市经济的不断发展而探索展开的。一直以来，我国地方政府都将它作为基础设施建设的头等大事，并探索出了各具特色的融资创新模式，积累了宝贵而丰富的经验。为了更好地推动新时代我国基础设施建设，需要分析和总结地方政府在基础设施融资创新方面积累的实践经验。本节主要通过介绍甘肃、重庆、云南、天津等省在基础设施融资创新方面的实践经验，总结出新时代我国基础设施融资的政策启示，从而为贵州内陆开放型经济试验区基础设施融资提供经验借鉴。

一、我国基础设施融资创新的实践经验

（一）甘肃省基础设施融资创新的实践经验

甘肃省在积极进行基础设施融资过程中，探索出了与本省省情相适应的融资模式①。1949—1978 年，甘肃省实施计划经济的财政融资体制。虽然甘肃省在国家无偿财政拨款的帮扶下基础设施建设获得了较大发展，但融资主体比较单一，依旧不能完全满足基础设施建设需要。改革开放后，我国实施经济体制改革，企业作为银行新的债务性融资主体开始发挥不可或缺的作用。“计委点菜，银行埋单”成为当时普遍的社会现象。随着市场经济体制的建立和资本市场的成熟，甘肃省原先单纯依靠银行贷款和政府财政拨款的基础设施融资格局备受挑战，多元化的融资主体导致投融资呈现多元化的格局。截至 1999 年，甘肃省通过独特的融资模式获得贷款 1260 亿元，有效地发挥了融资媒介在基础设施融资中的帕累托效应。党的十八大以来，甘肃省的基础设施融资稳步推进，也取得了明显成效②。2017 年，甘肃省签订基础设施项目达到 20 多个，融资额超过 740 亿元，大大拓展了社会资本的空间③。

甘肃省基础设施建设主要是以地方政府为主导、社会多方参与的融

① 杨中华．国家级新区基础设施融资研究——以珠海横琴为例［D］．广州：华南理工大学，2016.

② 建设银行甘肃省分行课题组．甘肃省基础设施发展投融资战略［J］．西部论丛，2002（03）：44-48.

③ 王斌．甘肃签 20 个基础设施 PPP 项目融资超 740 亿元［N］．中国经济导报，2017-06-21（02）．

资形式来筹集资金。甘肃省地方政府发挥主导作用，一般是通过地方政府融资平台、财政补贴和税收优惠来体现。2003 年开始，甘肃省政府就在全省范围内动员和组织商业银行通过政府融资平台给予地方政府大量的银行贷款，通过“打捆贷款”的形式满足了地方建设基础设施的资金需要。甘肃省政府还通过发行企业债券进行市场化融资，也为满足地方基础设施建设的资金需要发挥了很好的效果。例如，2011 年，兰州城投公司发行的专项建设公券，以基础设施投资公司制的形式开拓了特殊债券市场，募集资金 15 亿元，很好地弥补了基础设施建设资金困难的缺口①。此外，甘肃省政府还积极通过财政补贴和税收优惠的形式供给公共品，既保障了基础设施建设获得稳定持续的资金源，也通过减免税等优惠吸引了国内外资金的流入，降低了民间资本的风险，减少了甘肃省的资金外流。例如，甘肃省政府出台的最长期限为 25 年转让公用基础设施资产效益、用地免征耕地占用税并可以通过财政划拨形式取得利用国内外资金的规定，就是地方政府发挥主导作用、创造资金内流机制的典型案例②。社会多方参与的融资形式也多元化，具体包括以下几种类型：①发行中期票据。甘肃省国有资产投资集团有限公司发行中期票据，一般多用于省内基础设施建设的重点项目。2009 年开始，甘肃省国有资产投资集团有限公司就积极参与中期票据的试点发行，并在该年成功发行了“3+2”100 亿元的中期票据资金，为甘肃省基础设施建设募集了有效资金流，缓解了其资金短缺、资本外流的困境。②项目

① 杨中华．国家级新区基础设施融资研究——以珠海横琴为例［D］．广州：华南理工大学，2016.

② 建设银行甘肃省分行课题组．甘肃省基础设施发展投融资战略［J］．西部论丛，2002（03）：44-48.

融资。项目融资也是甘肃省近年来普遍采用的一种形式。2011 年甘肃省首次采用 BT 项目融资方式投资 2 亿元改造石沟村，推进了基础设施建设①。2012 年为了实现项目融资在基础设施领域的功能最大化，甘肃省推出了《甘肃省公路工程项目实施 BOT 方式管理办法》，加速了基础设施建设②。③境外发行债券。甘肃省利用国际资本市场募集基础设施资金，是近年来拓展境外债券市场的重要举措。2016 年起，甘肃省首只境外美元债券发行成功，成功募集 5 亿元资本，有效推进了省重点高速公路项目的建设。此后，甘肃省公航旅集团也成功地成为第一批获得国家发改委备案登记的境外发债企业，为甘肃省利用国内外两个市场筹集资金，推进基础设施融资开辟了新的航向③。④直接投资引领。甘肃省对基础设施融资的投资引领方式，主要是通过“筑巢引凤”“共同联合投资”的方式吸引资金流流入基础设施领域。例如，2013 年甘肃省甘南地区通过“筑巢引凤”（即利用少量的投资为来自 45 人组成的考察团创造良好的投资环境），吸引民间资金 25.65 亿元，同时成功签订了 7 个战略合作框架协议，实现了以自身引领民间资金投向的功能④。

（二）重庆市基础设施融资创新的实践经验

重庆市融资模式是在经历了直接举债为主的管制型政府向服务型政

① 尹枫．甘肃省首个 BT 融资项目开工 两亿元改造石沟村［EB/OL］．（2011-06-10）．［2018-10-01］．http：//news.163.com/11/0610/14/766PP34M00014AED.html.

② 《甘肃省公路工程项目实施 BOT 方式管理办法》近期发布［EB/OL］．（2012-11-12）［2018-10-01］．https：//m.huoche.net/show_139909/.

③ 严存义．甘肃首只境外美元债券发行成功［EB/OL］．（2016-11-22）［2018-10-01］．http：//www.gov.cn/xinwen/2016-11/22/content_5135885.htm.

④ 赵梅．甘肃省甘南：筑巢引凤促发展［EB/OL］．（2013-06-18）．［2018-10-01］．http：//news.hexun.com/2013-06-18/155246712.html.

府转变的背景下形成的，是由政府成立融资平台作为融资主体，政府作为间接管理者发挥企业市场融资作用的融资模式。从一定程度上说，重庆市融资模式颇有社会主义市场经济特色。重庆模式注重依靠国有建设性投融资集团的公司化、专业化、规模化经营基础设施领域的建设项目，发挥企业作为市场主体对资源配置最优的效率，同时通过广泛的投融资手段和市场化的融资渠道，集中化筹集和管理资本金，提高基础设施建设领域的投资、融资、建设和运营的效果。截至 2006 年，“八大投”资产总额 1869 亿元，负债总额 1109 亿元，平均资产负债比率 55%。仅 2006 年，“八大投”就实现投资总额 342 亿元，融资总额 481 亿元。可见，这种模式打破了政府的多重身份，赋予了“八大投”各分公司以不同的单重身份，具体执行专业化的项目建设和运营管理。且具体项目的建设和运营又通过招标形式承包给具体环节的施工单位和建设者进行代建，避免了“自建制”模式的弊端，促进了“代建制”的新发展①。据 2010 年报道，重庆市建设发展有限公司成立十年来，承担公益性项目 37 项，累计完成投资 50 余亿元，约占重庆政府投资公益性项目的 50%②。可见，重庆模式具有强大的生命力，开创了重庆政府主导、“八大投”集团推进、全社会共同参与的共赢局面。

重庆市基础设施建设主要是以地方政府资本金注入为主、极少量市场化融资为辅的融资形式来筹集资金。重庆市基础设施融资主体“八

① 谢世清．城市基础设施的投融资体制创新：“重庆模式”［J］．国际经济评论，2009(04)：59-63.

② 许征．“代建制”让重庆公益性项目建设心想事成［EB/OL］．(2010-08-10)［2018-10-01］．http：//news.163.com/10/0810/04/6DMRECKT00014AED.html.

大投”的壮大和发展更多的是靠政府资本金的大量投入、社会资本的少量参与实现的。重庆市地方政府对基础设施投入力度很大，政府资本金注入企业具有增速快、规模大、结构合理、重点突出等特点。投资资本金来源主要有以下几种形式：①通过政府国债、财政资金拨款作为地方政府注入企业资本金的来源，有助于按照项目类型具体集中投入到相应的基础设施领域负责的“八大投”分集团，形成聚焦效应，推动基础设施融资顺利进行。②通过政府存量资产划拨作为地方政府注入企业集团资本金的来源，能够充实企业的固定资产，确保“八大投”拥有自己的资本资金。③通过政府赋予集团的土地储备收益权作为地方政府注入企业资本金的来源，能够通过土地增殖的形式确保企业资本金的增殖和稳定。④通过政府税收返还、其他各类费用以专项财政形式注入企业作为资本金，也是重庆市地方政府资本金注入的主要形式。税收返还的优惠政策，能够加速企业的资本积累，促进城市基础设施领域的积累①。综上所述，重庆市政府主导类项目也在“八大投”投资主体作用下不断发展，但社会资本参与力度明显增强，同时市场主导类项目受市场经济的决定作用日渐明显，民间资本活力日增，民间资本的地位明显提升。

（三）云南省基础设施融资创新的实践经验

云南省大规模的基础设施建设是实现云南省经济平衡充分发展的必然选择，也是推进整个西部大开发战略进程的重要因素。“西部大开发”战略实施以来，云南省采取了财政税收优惠、信贷投放倾斜、资

① 吴红缨．重庆国资拟启动6项改革试点 基础设施投融资转向PPP模式［N］．21世纪经济报道，2015-02-05（06）．

本市场发展等一系列有力的政策，使基础设施融资获得了长足发展①。但前期基础设施建设“欠债”太多、拥有优质基础设施项目较少、基础设施还不完善等问题，限制了云南省基础设施融资的进程。面对这样的现实，云南省做出了加快基础设施融资的昆明机场建设、“八入省”“四出境”铁路网络建设等一系列大手笔规划，加快了基础设施融资的进程，形成了具有地方特色的融资模式。基于上述情况，本书对云南省基础设施融资创新的实践经验的研究，主要以具有代表性的丽江市工业园区的基础设施融资的成功实践为例，归纳总结云南省基础设施融资创新的一般性实践经验。

云南省丽江市工业园区建设主要是通过财政拨款、获得政策性资金、项目融资、委托专门融资平台融资等形式来筹集资金。丽江市工业园区筹建以来，都是依靠政府财政拨款的形式来获得启动资金。例如，2012 年丽江市创建的金山高新技术产业经济区，就是通过财政拨款 10365 万元进行基础设施建设。园区相继成立以后，政府为了加大对园区基础设施融资的支持力度，又相继设立了政策性资金供需要的园区争取。例如，截至 2015 年，丽江市创建的金山高新技术产业经济区共获得各种政策性资金 2100 万元，为园区的进一步基础设施建设提供了可靠的资金来源。此外，随着工业园区的建立和发展，丽江市工业园区开始采用 BT 模式进行项目融资，以项目承建方先行垫付基础设施建设项目资金，项目业主分期偿还项目建设资金的方式来推进基础设施建设。这种市场化运作，既能有效缓解基础设施建设的资金压力及其负债水

① 桂丽，张广斌，白少云．云南基础设施 BOT 融资方式探析［J］．云南财经大学学报（社会科学版），2003（05）：63-65.

平，又能提升园区自身基础设施建设的水平。例如，2012 年太平洋建设集团在丽江市承建的基础设施 BT 项目，就是成功运用 BT 融资模式进行基础设施融资的市场化表现。此外，丽江市工业园区还通过委托专门融资平台运用市场化方式进行基础设施融资。例如，2012 年华坪县政府通过专门投资公司以全县矿产资源费作为抵押向商业银行申请约 6 亿元贷款，就是利用专门融资平台公司进行基础设施融资的典型①。

（四）天津市基础设施融资创新的实践经验

天津市在基础设施融资过程中，形成了以各级城投管理和政府性投资公司负责、以未来土地收益做抵押，向金融机构贷款的多元、灵活的融资模式②。天津市各级政府采取分层管理的形式划分各个级别部门负责的项目，尤其是采用城投管理的模式，导致天津市基础设施融资的政府债务负担较大，但具有较高的效率③。自 2004 年设立城市基础设施建设投资集团公司负责中心市区的基础设施建设项目开始，天津市的基础设施建设速度开始加快④。就城投而言，天津市基础设施融资的资产规模由 2006 年的 804. 92 亿元上升到 2012 年的 4902. 79 亿元，年增长率达到 101%。天津市基础设施建设的多数项目为经营性或准经营性项目，稳定的现金流以及不可撤销和不可更改的政府回购协议，使这些建设项

---

① 代登伟．丽江市金山高新技术产业经济区基础设施融资研究［D］．昆明：云南大学，2015.

② 刘沛云．重庆市基础设施建设投融资实践探索与机制优化［D］．重庆：重庆大学，2016.

③ 杨艳．天津市基础设施融资模式及创新发展研究［A］．科学发展．协同创新．共筑梦想——天津市社会科学界第十届学术年会优秀论文集（中）［C］．天津市社会科学界联合会，2014.

④ 天津市经济发展研究所课题组．浅谈天津新型城镇化投融资机制创新的对策建议［J］．天津经济，2014（09）：5-8.

目具有优质性和可发展性。据联合国经济开发署研究，2008—2012 年，天津市基础设施融资所占的国内生产总值比重和全社会固定资产总投资比重均超过了发展中国家基础设施融资的一般性规定①。这充分说明了天津市基础设施融资模式的成功之处，也为我们认识和研究我国基础设施融资提供了有益借鉴。

天津市基础设施融资主要是通过间接融资和直接融资双向变奏的形式来筹集资金的。从一定程度上讲，天津市的基础设施融资方式基本上涵盖了国外主要城市的基础设施融资方式②，在天津基础设施融资领域都可以找到其存在的轨迹，但由于我国的资本市场和融资制度等还不成熟，许多国外的融资方式试点，并没有实现真正地推广与发展。这也是导致天津市基础设施融资依旧主要是间接融资和直接融资的双向变奏的原因。

天津市基础设施建设直接融资的方式包括：

（1）私募债权融资。通过私募债权方式进行基础设施融资是天津市基础设施融资的重要方式，也是其开拓资本市场的见证。

（2）公募方式发行债券、票据、融资券等。通过公募形式发行企业债券、中期票据、短期融资券能够很好地吸纳民间资本流入基础设施建设领域，为天津市基础设施融资弥补资金缺口问题。2007—2010 年，天津市城投以公募形式发行企业债券达 72 亿元，发行短期融资券达 41 亿元，成功地为天津市基础设施建设筹集到了源源不断的资金，推进了

---

① 杨艳．天津市基础设施融资模式及创新发展研究［A］．科学发展．协同创新．共筑梦想——天津市社会科学界第十届学术年会优秀论文集（中）［C］．天津市社会科学界联合会，2014.

② 尤永波．浅析天津市基础设施投融资体制改革［J］．天津经济，2009（12）：21-23.

基础设施建设的进行①。

(3)投资基金、集合信托等各种直接融资方式。这些融资方式也是天津市基础设施融资的重要渠道。

天津市基础设施建设间接融资的方式包括:

(1)国家开发银行贷款。通过国家开发银行贷款来筹集基础设施建设资金是天津市基础设施建设前期常用的方式,贷款多用于涉及国计民生的重大建设项目和工程。

(2)银行贷款。通过银行贷款方式来进行基础设施融资是天津市后期一贯使用的方式,对其基础设施融资发挥了巨大作用。据报道,截至2006年,天津市通过银行贷款融资方式获得的资金比重达到50%②。可见,天津市基础设施间接融资比重较大,在其基础设施融资方面作用不可低估。随着天津市基础设施建设的不断推进,城市建设资金的结构性矛盾不断加剧,除了现有渠道,天津市还在进一步探索新的融资渠道,创新城市基础设施融资体制。例如,2012年天津市召开建设项目融资推介会,共推介总投资5000万元以上的有融资需求的项目406个,总投资额规模5845亿元,融资需求额2837亿元③。此外,2018年天津市人民政府办公厅发布了《关于加快我市融资租赁业发展的实施意见》④,大大推动了天津市基础设施建设与基础设施融资模式的新发展。

---

① 天津市滨海新区建设投资集团有限公司2012年度第一期中期票据发行公告[EB/OL].(2012-11-27).[2018-10-01].http://www.chinabond.com.cn/cb/cn/sy/fxxtfx/list.shtml.

② 杨中华.国家级新区基础设施融资研究——以珠海横琴为例[D].广州:华南理工大学,2016.

③ 天津市召开2012年建设项目融资推介会[EB/OL].(2012-06-05)[2018-10-01].https://3g.163.com/news/article/838TC6RV00014JB6.HTML? from=dynamic.

④ 天津市人民政府办公厅关于加快我市融资租赁业发展的实施意见[EB/OL].(2018-01-24)[2018-10-01].https://zm10.sm-tc.cn/.

二、我国基础设施融资创新的实践评价

通过对我国甘肃、重庆、云南、天津等省市的基础设施融资实施情况的研究可以发现，各省市在基础设施融资方面均取得了一定的可喜成绩，形成了各具特色的地方融资模式，也积累了很多基础设施融资经验。然而由于我国还没有一套完整的基础设施融资体系和一系列完备的法律规范，还没有完全形成市场化程度高、资本市场发达的市场经济，导致各省份探索基础设施融资的工作和方法各有特点。所以，整体来看，我国基础设施融资还处在社会主义初级阶段的发展程度，发展空间还很广阔。从各省份在实践基础设施融资方面的异同和不足来看，大致包括以下几个特点：

（一）基础设施建设仍然以关系国计民生的项目为重点

经过多年的努力与发展，我国很多省份的基础设施融资取得了明显的成效，基础设施建设初具规模。改革开放以来，我国各省份就陆续地开展基础设施融资活动。特别是在 2005 年国家发布了中央预算内资金关于投资、补贴和贴息的主要方向的有关规定后，各省份积极通过融资平台、多种融资方式融资，均取得了一定的成绩。目前，我国很多省份都已经进入推行 PPP 项目融资、清理整顿地方政府融资平台的新阶段，基础设施融资正迎来又一次新的高潮。需要指出的是，由于基础设施建设尚处于关键期、攻坚期和窗口期的特殊阶段，地方经济不平衡不充分发展的矛盾依旧严峻。从国家层面上看，基础设施融资的重点项目仍然是关系国计民生和社会公用事业的建设项目。从实践层面上看，基础设

施建设的重点项目仍然是人民美好生活需要和经济发展需要亟待完善的项目。

（二）基础设施融资创新模式具有内容相似性

我国一些省份实施的基础设施融资创新模式，涉及的主要内容具有很大的相似性。在对甘肃、重庆、云南、天津等省市的基础设施融资实施情况的研究中，我们可以发现，在基础设施融资模式中，财政资金、银行贷款占据重要位置，社会资本参与的比重都明显偏低。虽然随着新时代的到来，各省份也陆续地开始使用项目融资、新型融资工具的方式来化解地方债务，但依旧具有很大的相似性，只是在具体操作和实施上存在较大差异性。

（三）基础设施融资存在地区发展不平衡不充分的矛盾

我国基础设施融资存在地区发展不平衡不充分的情形。受市场化程度和经济发展水平等因素的影响，我国各省份的基础设施融资模式具有特殊性。先进省份的基础设施融资和落后省份的基础设施融资具有各自的优劣势。因此，在扶持地方基础设施融资时，要根据不同地区的发展情况具体问题具体分析，实行差别化的帮扶和待遇，才能逐渐地在新时代解决我国地区之间发展不平衡不充分的矛盾。

（四）基础设施建设投融资体制有待完善

从地方基础设施融资创新的实践来看，基础设施融资体制的不完善在很大程度上限制了基础设施融资的顺利实现。各省份的融资模式在一定程度上会受到我国投融资体制的影响。我国很多省份使用 PPP、BT 等项目融资方式，融资租赁、资产证券化等创新型融资工具均面临法律框架不明确、公私合作等方面的纠纷。2014年我国预算改革实施以来，PPP、BT等项目融资的实践不断涌现，但缺乏法律效力方面的规定，没有完备地引进社会资本融资方面的相应法律法规，导致具体实施过程中困境重重。特别是在具体操作过程中，需要进行政府向社会购买服务的规范、审批流程、明确的项目融资政策、计划、利益分担机制、利益冲突方法、退出进入机制、风险分担机制等方面问题的考量。

（五）利用资本市场融资的能力还有待提升

由于我国原有的单一融资格局的影响，以及金融体系的不完善、金融市场的不发达，导致基础设施融资很难较好地借助金融工具发挥合作金融组织在基础设施融资方面的作用。这在我国一些省份的基础设施融资创新的实践中表现得比较明显。特别是由于我国还没有全覆盖的金融机构和完备的融资咨询机构等，地方政府大多不具备债务管理能力和经验，也没有能力到资本市场直接融资①，在一定程度上影响了地方政府利用金融工具进行基础设施融资的成效。此外，我国地方政府的规划和项目融资决策缺乏有效衔接，缺乏从规划到投融资计划的流程规范，没有形成有效的债务管理系统和资产管理体系，在一定程度上影响了地方政府利用资本市场融资的能力。

（六）适合我国市场经济的投融资模式有待探索

虽然我国很多省份的基础设施融资都取得了一定的成效，但其中一些地区在基础设施融资模式、实施情况、实施方法、交易形式等方面具

① 城市基础设施投融资的国际经验——刘志博士在上海财经大学的演讲［N］. 解放日报，2014-05-24（005）.

有很大的差异性，还没有办法真正地探索出适合全国推广的融资模式和实施方案。这在一定程度上导致我国探索适合公有制经济发展的中国特色的融资模式还有很长的路要走。换言之，目前，我国基础设施融资模式还没有形成全国统一适用的规范化规程和原则。

综观国内外基础设施融资创新的实践，可以看出基础设施融资顺利实施的一般性影响因子，主要包括以下几个方面：多元化的融资主体、市场化的融资渠道、完善的投融资体制、发达的金融市场、健全的监督体制、科学的管理方法等。我国还处在社会主义初级阶段，基础设施融资还有很多方面有待完善，这就决定了我国基础设施融资问题的解决还有很长的路要走。

三、我国基础设施融资创新实践对贵州内陆开放型经济试验区的政策启示

通过对甘肃、重庆、云南、天津等省市积累的基础设施融资创新方面的实践经验分析，我们可以窥视到一些一般性的基础设施融资的实践经验。这些具有特色的经验对完善贵州内陆开放型经济试验区基础设施融资的体制机制、创新地方政府基础设施融资模式等具有重要意义。对此，结合贵州内陆开放型经济试验区的实践探索经验，从以下几个方面提出合理的政策性建议。

（一）积极探索具有贵州内陆开放型经济试验区特色的基础设施融资模式

从甘肃、重庆、云南、天津等省市基础设施融资创新的实践经验来看，各具特色的地方模式适应了地方城市的基础设施建设与融资，符合

社会主义的大方向，具有强大的生命力。为此，贵州内陆开放型经济试验区要继续积极探索具有地方特色的基础设施融资模式，坚持公有制经济的主体地位，“摸着石头过河”，既要鼓励各融资主体根据各自特点探索具有开创性、发展性、科学性的融资模式，盘活地方资源，又要积极争取中央政府的支持，发挥财政资金在基础设施融资中的中流砥柱作用。同时，贵州内陆开放型经济试验区也要坚持一切从实际出发的原则，探索和创新融资的方式和工具①。此外，贵州内陆开放型经济试验区还需要处理好市场和政府的关系，合理界定政府和市场在基础设施融资方面的职能，充分发挥这“两只手”的作用，促进政府由直接基础设施供给者向基础设施规划者、设计者、调控者、间接管理者和供给者转变，促进政府以行政手段实施基础设施建设向主要依靠市场经济对资源配置的决定对基础设施建设发挥作用。对基础设施建设项目进行系统分类，对于那些需要长期投入、大量投入并且风险大的基础设施建设项目，让政府主动介入；对于那些市场化程度较高，竞争充分的基础设施建设项目，则鼓励企业市场主体进入。

（二）鼓励融资方式多元化、市场化

鼓励融资方式的多元化、市场化是确保城市基础设施融资具有充足资金流的有效保障，也是检验市场经济发展程度高低的重要标志。从甘肃、重庆、云南、天津等省市基础设施融资创新的实践经验来看，只有拥有多元化、市场化的融资方式，才能真正解决地方政府债务潜在风险以及盲目“井喷式”增长的地方政府融资平台所造成的消极影响。为

① 刘沛云．重庆市基础设施建设投融资实践探索与机制优化［D］．重庆：重庆大学，2016.

此，贵州内陆开放型经济试验区需要大力发展直接投资，用好间接投资，使用创新型融资工具，广泛推行多元化、市场化的融资方式，借助社会财力和政府财政、税收优惠撬动国有资本、民间资本、海外资本等流入基础设施领域，也可以效仿推行项目融资、融资租赁等新型融资方式的地方和企业，建立和探索适合各地特色的基础设施融资方式。另外，贵州内陆开放型经济试验区也需要综合市场化各种融资方式和融资工具，在市场决策中结合具体的基础设施建设项目选择适合的融资方式，大胆探索 ABS 和 BT 等融资模式的市场化运作，灵活使用各种专项投资基金、资产证券化、信托贷款、股权融资、权益融资、在港发行人民币债券等新型金融工具，最好和城市的基础设施建设项目相结合设计一系列金融衍生品，推动基础设施融资方式的多元化和市场化。此外，贵州内陆开放型经济试验区也需要强化财政对社会资本融资模式的引导，破除影响民间资本进入基础设施领域的各种壁垒和限制，引导民间资本自由流入和退出基础设施领域，适当给予民间资本一定的回报补偿，真正地吸引他们主动进入基础设施领域投资。同时，贵州内陆开放型经济试验区也需要加快融资平台的市场化改革，真正地取消融资平台公司的政府融资职能，制定出高效的市场化运作规则，推进贵州内陆开放型经济试验区基础设施融资的顺利开展。

（三）逐步建立适应市场经济发展的金融市场

逐步建立适应市场经济发展的金融市场是我国发挥社会主义市场经济的优越性功能的实践选择，也是利用新型金融工具进行基础设施融资的必要前提。要想解决贵州内陆开放型经济试验区目前面临的基础设施建设资金缺口大等问题，就需要逐渐建立适应市场经济发展的发达金融市场，发挥金融在基础设施融资中的支持作用。从甘肃、重庆、云南、天津等地基础设施融资创新的实践经验来看，基础设施融资受限在一定程度上源于金融市场的不发达和金融系统的不完备，导致许多创新型金融工具没有可操作性。为此，贵州内陆开放型经济试验区需要逐步地改革和完善现有的金融体制，利用多种手段促进金融系统的管理科学化、制度体系化，从而逐步建立与市场经济发展相适应的具有差异性、多方位、多领域的金融体系，确保基础设施融资能够有强有力的金融支持，推动基础设施融资的顺利实施。此外，贵州内陆开放型经济试验区还需要强化金融市场与基础设施之间的联结，强化场内场外市场间的互通互联，防范金融系统的系统性风险，为金融市场服务基础设施建设创造有利条件。另外，也可以逐渐推进金融市场基础设施融资的跨境合作，探索多种方式强化与国外金融基础设施建设方面的融资，推进金融市场的开放和深度发展，为贵州内陆开放型经济试验区基础设施融资的市场化发展打开新局面，从而推动基础设施融资的顺利实现。

（四）改革和完善基础设施投融资体制

改革和完善城市基础设施投融资体制是适应市场在资源配置中起决定作用的历史趋势的明智选择。从甘肃、重庆、云南、天津等省份的基础设施融资创新的实践经验可以看出，不同地区的投融资模式折射出不同地区的市场化程度和经济的发展水平。从某种程度上看，不同地区之所以选择各具特色的基础设施投融资模式，从表面上看是受到城市基础设施发展速度和规模的影响，从内在上看则是受到投融资环境和体制的影响。改革现有基础设施投融资体制，构建一个适应市场经济发展需要的基础设施的多元化融资体系，已经是大势所趋。正如习近平总书记指出："苟利于民，不必法古；苟周于事，不必循俗。变革创新是推动人类社会向前发展的根本动力"①，只有改革现有的基础设施投融资体制，才能促进基础设施建设的新发展。为此，贵州内陆开放型经济试验区在新时代要满足基础设施建设需要，建立与市场经济体制相适应的投资主体多元化、能有效界定政府投资边界的投资体制②，合理划分和界定各类投资主体的投资领域，积极培育民间投资主体，充分保障民间投资者的利益，真正地从实际出发创造适合投资者投资的发展环境，从而提高基础设施资本的产出效率，调动投资者的积极性，以确保城市基础设施融资的顺利实现。同时，贵州内陆开放型经济试验区也需要从法律法规方面给予社会资本和国有资本平等的社会地位、投资机遇、要素供给等权限，从市场经济本身出发建立健全具有民间投资的市场服务体系和具有政府权威的投融资信息网络和大数据平台，真正地打破垄断，引进市场竞争机制，从投融资体制上保障所有制企业平等竞争、平等发展，实现投资决策科学化、中介服务社会化，从而更好地致力于贵州内陆开放型经济试验区的基础设施建设。另外，贵州内陆开放型经济试验区也需要加强对基础设施建设投融资领域的全面监督和有效管理，通过完善信用建设和信息披露机制、信用评价机制等方式优化试验区基础设施投融资的发展环境，对资不抵债等债务性问题加以政治约束，促进试验区开支体系的科学化、合理化，从而真正地严格控制试验区基础设施的融资规模，发挥好为人民服务的宗旨，实现投资管理规范化、监管约束法制化。

① 郭倩．习近平引经据典谈改革［EB/OL］．(2018-10-10)［2018-10-11］．http://news.youth.cn/sz/201810/t20181010_11750484.htm.

② 彭清辉．我国基础设施投融资研究［D］．长沙：湖南大学，2011.

第五章 CHAPTER FIVE

贵州内陆开放型经济试验区基础设施融资的总体要求

第一节　基本思路

本书以马克思列宁主义、毛泽东思想、邓小平理论、“三个代表”重要思想、科学发展观、习近平新时代中国特色社会主义思想为指导，全面贯彻党的十九大和十九届二中、三中、四中全会精神。课题组提出以下基本思路：

一、抓住贵州内陆开放型经济试验区建立的各种机遇，充分利用外来资金

贵州作为我国资源丰富的大省，在加工贸易方面有着良好的发展优势。近年来，国内经济发展较好，对外贸易积极进取。跟随国家的发展进程，贵州被确立为第二个内陆开放型经济试验区。这为贵州带来了“强弓劲弩般的推动力”，为其后发赶超、弯道取直、决战脱贫攻坚、决胜同步小康提供了重大机遇。

（一）借助区位优势加强外部贸易合作

贵州是“丝绸之路经济带”和“21世纪海上丝绸之路”的重要连接点，是连接中新、孟中印缅经济走廊的交通必经节点，与广西、云南两个“一带一路”重要边境省份毗邻，是我国西南地区南下出海通道。目前，贵州正积极加强与东盟国家、南亚国家、中西亚国家、太平洋沿

岸国家和地区及非洲的合作①。贵州内陆开放型经济试验区基础设施未来参加“一带一路”建设的主要方向：一是加强贵州各市（州）与南宁、昆明、重庆三个重点城市铁路、公路的连通性和畅通性，消除关键路段的瓶颈制约，提升货物通过能力，构筑对外运输大通道；二是加强与广西、云南两省边境口岸的连接，开辟到跨境关键交通节点的新通道；三是提升对外交通物流发展服务水平②。基于此，贵州要积极参与国家的“一带一路”及大湄公河次区域、孟中印缅经济走廊、中国—中南半岛经济走廊、中国—中亚—西亚经济走廊、新亚欧大陆桥经济走廊等对外区域规划建设，全面提升贵州开放型经济水平。

（二）借助大数据产业优势吸引外来资金

“一带一路”横跨亚、非、欧大陆，包含了沿线的 60 多个国家，形成了联通的亚洲经济圈和发展的欧洲经济圈，经济发展潜力巨大，也意味着开放的复杂性③。在大数据时代背景下，贵州凭借得天独厚的区位优势和大数据的硬件基础，成为全国唯一一个拥有三大运营数据中心的省份，移动、电信和联通均在贵州布局了数据中心，有了这些强劲的后盾，独特的大数据服务赋予贵州突出的优势。随着对外开放步伐的加快，贵州必将依托大数据产业优势，吸引众多数据中心落户。这在一定

① 李娟．国务院批复设立的“内陆开放型经济试验区”给贵州带来了什么？［EB/OL］．（2018-09-20）［2019-03-09］．http：//www.ddcpc.cn/index.php？m=content&c=index&a=show&catid=400&id=69843.

② 贵州省开展对外战略性合作研究课题组．贵州省基础设施建设领域开展对外战略性合作专题研究（征求意见稿）［R］．2014.

③ 石勇．大数据与“一带一路”战略［J］．行政管理改革，2016（09）：46-50.

程度上也可为其吸纳大量的外部资金①。

（三）借助绿色品牌吸引大量外来资源

贵州不仅被确立为内陆开放型经济试验区，还处于中央“十三五”规划建议提出的“深入实施西部大开发”的经济发展大环境中。“十三五”规划指出要推动绿色发展方式和生活方式，坚持绿色惠民、绿色富国，为人民提供更多的优质生态产品②。生态良好是贵州的品牌和亮点，贵州已连续召开了七届生态文明贵阳国际论坛，对外影响力不断提升。作为全国生态文明先行示范区，贵州的生态优势已成功转化为吸引外来资源的优势。

除了以上三大优势，贵州还拥有扶贫攻坚的政策优势、生态旅游优势和经济发展资源优势等。可以看出，贵州众多优势具有吸引外来资金的极大魅力。随着贵州对外开放程度的提高，对外合作进一步加深，发展潜力不断被挖掘。同时，城市的发展离不开基础设施完备的建设，基础设施是经济发展的必要条件。贵州基础设施建设面临着巨大的资金缺口。贵州应该抓住当前各种机遇，大力利用外来资金为贵州内陆开放型经济试验区基础设施建设服务。

二、构建新型基础设施融资体系，充分挖掘融资潜力

基础设施有公共物品和非公共物品之分。相应的基础设施资金来源

---

① “一带一路”国家倡议下的贵州机遇［EB/OL］.（2017-07-12）［2018-08-09］. http：//www.sohu.com/a/156706660_165665.

② 中国青年网. 习近平绿色发展三大思路：绿色惠民、绿色富国、绿色承诺［EB/OL］.（2016-01-10）［2018-08-09］. http：//www.chinanews.com/ll/2016/01-10/7709575.shtml.

方式应多元化，如果只是来源于政府财政资金的投入，面对大量的基础设施建设，政府的财政资金会显得势单力薄，不利于基础设施的整体建设和社会经济的全面发展；如果只是依托于市场资金流入，基础设施都会成为盈利的工具，伴随资金的流动并非人人享有。这不仅不利于社会的和谐发展，更会导致大量的资金浪费和基础设施闲置。因此，基础设施建设需要积极拓宽融资渠道，实现多元化融资。

传统基础设施融资是以政府为单一投资主体。当前贵州内陆开放型经济试验区的经济发展潜力巨大，单一的资金来源无法弥补基础设施需要的资金缺口。因此，贵州内陆开放型经济试验区基础设施的建设需要打破政府为单一投资主体的局面，以政府财政资金为引导，吸引更多的民间资本投入。根据基础设施项目区分理论，需要构建新型基础设施融资体系，积极采用市场化融资方式或以政府参股、合作方式和招商引资去对待一些经营性项目。营利性基础设施项目的建设利用了市场机制，那么该项目的投资者、经营者和管理者也应该通过公平、透明的市场进行竞争，政府完全放手，由投资者转接管理该基础设施项目投资、融资、维护和建设等全过程，实现完全市场化投资运营，在基础设施项目建设上发挥足够的市场绩效。与此同时，还应该以基础设施项目建设的风险来具体划分多元化的投资主体，在明确各个投资主体的投资背景、优势资源和经验的前提下，充分挖掘各个投资主体的融资潜力。另外，健全市场机制可以推动透明、公正的竞争环境建设，同时，给予私人投资和政府投资同等的权力和地位，从而完善和拓宽融资渠道。综合来看，贵州内陆开放型经济试验区应从多元化融资主体、创新融资方式等角度着力构建新型基础设施融资体系，挖掘融资潜力以推动融资问题的解决。

三、完善基础设施融资政策，优化区域融资环境

区域经济的健康稳定发展是基础设施项目建设融资的必要前提，而相关法律、政策又是区域经济健康稳定发展的保障。因此，贵州内陆开放型经济试验区基础设施融资问题的解决离不开相关法律、政策的有效保障。

首先，贵州内陆开放型经济试验区基础设施公共性和非公共性的特点①，决定了其不仅和社会生产效率息息相关，还和人民的日常生活息息相关。同时，基础设施的“经济发展假说”表明②：基础设施的建设程度与区域社会经济发展相辅相成。可见，基础设施在社会经济发展中发挥着重要作用。基于此，相关法律、政策的完善是充分发挥基础设施功能的重要前提，是基础设施投资、融资、建设、运营和维护的必要保障。同时，这能防止投机违法行为的出现，使基础设施的功能得以充分发挥。

其次，基础设施融资渠道需要多元化拓宽。贵州应充分把握内陆开放型经济试验区建设的大好时机，通过不断优化融资环境吸引外部资金流入。更多私人和企业投资主体的加入不仅需要区域经济稳定有序地发展，更需要地方法律法规明确各方的责任和权利保障，如基础设施配套的产业准入机制。与此同时，更加需要构建创新型的支持政策以增强外

---

① 张兴国，王智勇．城市基础设施建设投融资体制改革与创新——以昆明为例［J］．时代金融，2010（12）：55-57．

② 唐建新，杨军．基础设施与经济发展：理论与政策［M］．武汉：武汉大学出版社，2003．

资企业和私人投资者进入贵州内陆开放型经济试验区基础设施领域的信心。

四、定位地方政府职能，形成多元化基础设施融资格局

在基础设施建设领域中，地方政府是主要的投资者、融资者和管理者①。从目前的情况看，地方政府虽然是基础设施融资的主体，但在基础设施的领域中，地方政府的引导、服务、监督和管理职能的加强空间仍然很大。随着贵州内陆开放型经济试验区的设立，贵州对外开放的程度进一步扩大，引入的资金也逐年增加，贵州内陆开放型经济试验区必将迎来更多的发展机遇。在这种情况下，贵州地方政府更要定位自身的职能，推动多元化基础设施融资格局的形成。具体来看，可以从以下几个方面进行思考：

第一，政府应当为贵州内陆开放型经济试验区基础设施的总体布局规划制定相应的支持政策，为基础设施领域吸引更多的社会资金。在基础设施融资出现信息不对称问题时，应立刻运用政府的信息优势，恪守应尽的责任，充分发挥其职能以做出决策使得市场更加透明、公平，使基础设施建设保持正确的方向。另外，政府并不是万能的，不能完全避免政府失灵的情况。因此，为了弥补政府失灵情况下资源配置效率低的问题，需要政府适当降低基础设施建设的门槛，加强基础设施建设的监督管理。

第二，贵州内陆开放型经济试验区基础设施融资和运营的工作效率

① 封北麟．我国城镇化进程中的基础设施融资［J］．经济研究参考，2013（13）：40-53.

的提高需要各级部门科学划分其相应职能。例如，依照政府工作效率原则，坚持以成本、工作效率或者两者均达到最优化的标准来筛选哪一级政府部门来执行相关工作。按照相应的原则明确划分各级政府的职能，如划分好省政府和市政府对基础设施的投资、融资、监督、维护和管理范围。现在贵州作为内陆开放型经济试验区，事关全省经济命脉和具有战略性的基础设施项目就应当由省政府投资控股监督；而范围小、投资量不大的基础设施建设项目，省政府应该下放权力转接给地方政府进行管理。与此同时，省政府可以根据投资额度和重要程度来划分基础设施项目，实施不同程度的监督。另外，各级政府部门的权力划分应是全系统的，不同政府职能部门的职能应该科学划分，防止职能部门间的交叉，最终实现提高管理效率的目的。

第三，基础设施有公共物品和非公共物品，根据基础设施项目区分理论①，其划分需要确定公共物品的范围，明确政府与市场的边界。具体来看，基础设施项目大多数属于非经营性项目，一般无现金流入，没有营利性，但社会效益显著，私人部门一般不愿意投入②。而准经营性和经营性项目均离不开市场的运作，需要市场化运作方式带来市场资源的投入，提高市场资金的使用效率，充分提高市场化绩效。政府应该明确与市场的边界，该放手的地方就放手，在市场化运作下才能发挥更多的作用。只有政府发挥好服务监督管理的职能，市场资源配置的作用才能达到最优。

---

① 高秀丽．对西部城市基础设施建设市场化融资的思考［J］．全国商情（经济理论研究），2006（06）：21-23.

② 黄永红．固定资产投资项目经济效益与社会效益分析［J］．中外企业家，2014（13）：54-55.

第四，贵州内陆开放型经济试验区基础设施建设的融资方式需达到多样化，才能完整形成推动区域经济发展所需要的基础设施建设格局。首先，基础设施投融资渠道有着传统的银行贷款和财政资金投入，但信托、股票、投资基金等融资工具可以拓宽融资渠道，为不同的投融资者提供更合理的融资设计和灵活的投资渠道。其次，市场化运作机制引入融资方式的市场化，政府应该全面分析基础设施项目的特点，并结合市场化融资对不同的基础设施建设选择相应的融资模式，如 BOT、ABS、PPP、PFI 等①。目前，贵州不断对外开放，更应该充分引导与规范外资企业的作用。这不仅能提高基础设施项目建设和运营的效率，更能吸引先进的技术和人才，促进本地区的经济发展。因此，政府应该积极地探索新型融资方式，尝试创新型的投融资模式，构建新型基础设施融资体系，大力引导外资企业投入到贵州内陆开放经济试验区基础设施建设中，形成政府引导、市场运作、社会参与的多元化基础设施融资格局。

第二节　主要目标

一、完善政府融资平台，推进基础设施融资平台改革

贵州内陆开放型经济试验区对外开放程度的不断扩大，顺应了经济增长的发展趋势，政府对基础设施建设资金的需求也逐年增长，对贵州

① PPP 融资模式及其与其他融资模式如 BOT、ABS、TOT 的比较 [EB/OL].（2015-09-19）[2018-08-09]. http://www.360doc.com/content/15/0919/21/19950532_500172494.shtml.

基础设施融资平台建设提出了新的要求。推动基础设施融资平台改革，有助于完善基础设施薄弱环节和保障基础设施顺利建设，从而推动贵州区域经济的平稳增长。基础设施融资平台建设具有必要性，因为其在运作和管理过程中会出现一些亟须关注和处理的突发性问题[①]。正确对待和处理好这些问题，需要完善政府融资平台、推进基础设施融资平台改革。

（一）完善预算制度，提升发展能力

贵州内陆开放型经济试验区基础设施融资平台关注的应当是重点基础设施公共领域，即非竞争性领域。这些领域的资金主要源于土地收入及政府财政拨款，同时与政府存在着直接的信用连带责任。这使得公共部门的作用附加于基础设施建设融资平台。此外，政府对资金的筹集和投资方式也可能基于此产生信用连带责任，因此，要归入政府的预算管理范围。但由于政府对融资平台的规划缺乏统一完善的管理，使得实际运行情况恰恰相反，导致基础设施融资平台低效运行。因此，要充分发挥基础设施融资平台的作用，必须完善预算制度，在合理预算规划的前提下进行各项基础设施项目建设；必须提升基础设施融资平台发展能力，以确保基础设施建设资金的有效供给。

（二）划分产权边界，完善治理结构

贵州内陆开放型经济试验区基础设施融资平台由政府出资筹划组建，加上贵州对外开放程度的不断扩大，基础设施融资平台组建必定是

① 地方政府基础设施建设融资平台评级中需重点关注的几个主要内容［EB/OL］.（2010-08-18）［2018-08-09］. https：//wenku. baidu. com/view/7d76762de2bd960590c6779f. html.

呈多元化的发展趋势。多元化融资模式容易模糊基础设施融资平台主体产权边界。基于此，多元化的发展环境下应该打造清晰的基础设施融资平台结构和管理制度，对下划分明确的权利和义务，由上实行内部监督和协调。同时，基础设施融资平台的投资者、具体项目的经营管理者与政策制定者划分明确。清晰的治理结构有利于基础设施融资平台的责任和权利的分配，保证基础设施项目的顺利建设。

（三）约束政企关系，提高合作效率

基础设施融资平台以企业冠名，看上去是“商业化”运作，实际上地方政府一直处于基础设施融资平台的竞争性领域。这导致基础设施融资平台政企不分的现象普遍存在①。一个正常发挥作用的基础设施融资平台拥有足够的能力偿还债务，对此清晰的自主权尤为重要。基础设施融资平台的行政化不能解决目前贵州内陆开放型经济试验区基础设施建设过程中存在的问题。有效约束的政企关系，才能够使政府职能部门有效监管基础设施融资平台。因此，基础设施融资平台作用的充分发挥，需要基础设施融资平台政企关系得到有效约束，即基础设施融资平台有完善的市场有效约束机制、主体权责的明确清晰。这能够极大地提高贵州内陆开放型经济试验区基础设施融资平台政企合作的效率②。

二、积极利用银行授信额度，支持贵州内陆开放型经济试验区重点基础设施项目建设

商业银行在金融市场上一直都是最重要的资金供应方。基础设

---

① 丁学海．论政府融资平台贷款的风险及防控措施［J］．市场周刊，2009（09）：5-7.

② 鲁耀纯．地方政府融资平台公司科学运行研究——以贵州铜仁为例［J］．知行铜仁，2015（01）：43-45.

施投资需求大、回收期长，与其他产业相比在建设过程中通常需要借助商业融资手段来筹集大量资金，而其中商业银行的贷款比例往往居高不下。银行授信额度具备以下三个特点：一是可以循环使用。只要不超过授信额度的上限，多次借款银行都会批准。二是基本满足需求。在授信额度内，基本是可以满足借款人的需求的。三是审批手续简化。借款人在获得授信额度以后，可以自行决定额度使用方式和履约时间，不需要再向银行授信进行审批，节省了单笔授信审批的时间。

目前，贵州作为内陆开放型经济试验区，对外开放程度不断扩大，经济增长潜力巨大。重点基础设施项目建设是拉动贵州经济增长的重要"引擎"，往往成本过高、建设周期长、盈利能力弱，需要大量信贷资金支撑。银行授信额度能够满足重点基础设施项目建设的融资要求，保障基础设施建设的顺利进行。贵州内陆开放型经济试验区基础设施的建设应当积极利用银行授信额度。除此之外，银行信贷、投资基金和信托产品也是重要的融资方式，在贵州内陆开放型经济试验区基础设施融资结构中占比较大的是银行信贷。

三、大力发展各类投资基金，引进股权投资

基础设施融资方式有多重选择，其中比较流行的一种方式是以基础设施信托投资基金为中介进行的股权投资。股权投资模式的发起方一般是信托公司，其融资方式是私募的形式，募集投资公司、实体行业以及

企业提供基础设施项目的股权支持，同时在融资过程中负责资金经营和监督[①]。本部分结合贵州内陆开放型经济试验区基础设施融资当前紧需外来资源投入的情况，着重介绍股权信托投资。股权信托投资作为当前利用信托融资的主要模式，从对象上来看有三方：委托人、受托人（信托公司）、第三方；从资金或者股权的流向来看，委托人将其所拥有合法所有的公司股权或资金转交给受托人，并拥有信托资金的所有权，带着委托人的意愿，受托人会以自己的名义管理受托资金投资于公司股权，最初的信托资金形态由此转换成了股权形态，以股权方式投入到基础设施项目[②]中。综合来看，股权信托投资具有五种优势。

其一是融资速度较快。信托融资的期限设计和资金运用方式灵活，操作相对简单，从融资的整个设计到审批（或者备案）以及发行所需要的时间不多，资金筹集速度较快。股权融资利用信托集中社会闲散资金较容易，可以解决投资大的问题。

其二是信托投资回报率较高。基础设施项目公司会因为股权投资的一系列增值服务获得较高的投资收益。

其三是风险小。相对于房地产、债权、股票投资而言，信托基金投资的回报要稳定得多。因为基础设施项目公司在营运期后利润又平均分配，同时因为资本市场化运动得到的短期资本投资收益，基金的投资者投资收益风险固定。

其四是融资成本较低。融资成本包括融资者要为筹集的资金付出融资过程中的组织管理费用、融资后的资金占用费用以及融资时需要支付

---

① 黄华珍．私募股权投资基金在 PPP 项目中的应用研究［J］．建筑经济，2016（04）：30-33.

② 刘家聪．基础设施项目利用信托融资的模式研究［D］．北京：北京交通大学，2009.

的其他费用。对基础设施建设项目中的大量机械设备运用融资租赁手段，信托投资公司的自由资金可以存在银行或用于融资、租赁、投资和同行拆分融资。这是因为股权投资模式中所有者权益自由资金的固定化①。除此之外，相比单一的租赁公司，信托公司更能运用自由资金开展此业务，减少了中间环节，即并不需要向银行贷款。由此可知，无论从租赁贷款的风险，还是融资贷款的成本方面，股权投资都具有优势。

其五是以信托基金为中介的股权投资领域多元化。在目前监管部门的各项监管法规下，信托公司是唯一可以同时在资本市场、货币市场和实业领域投资的金融机构，具有三者合一的优势，有利于信托公司的资源整合，信托公司具有其他金融机构不可替代的重要意义。因此，信托公司可以利用自身的特殊性和地方政府以及银行联手进行基础设施的建设和投资。贵州目前作为内陆开放型经济试验区，大量的基础设施投资建设是经济发展的必要选择，其主要阻碍是基础设施融资问题。应对基础设施融资问题，政府应完善金融服务体系，搭建新型基础设施融资平台，大力发展基础设施各类投融资基金，引进具有特殊优势的以信托资金为中介的股权投资模式。

四、推进城乡金融综合改革，支持城乡经济一体化发展

城乡经济一体化发展是区域发展综合实力的象征、城市文明程度的标志，也是当前中国经济发展的主要方向。长期以来，国内经济发展呈现出城乡二元结构的不均衡态势，财政支出大部分都落实到了工业和城

---

① 信托投资公司融资租赁业务模式简析［EB/OL］.（2017-07-07）［2018-10-09］. https：//wenku. baidu. com/view/211c867d11661ed9ad51f01dc281e53a5802512c. html.

市中，农村占比率较低。这导致农村水利、交通、电力等基础设施由于缺少资金支持无法完善，农村的经济发展水平明显落后于城市①。贵州作为内陆开放型经济试验区，高铁通车里程持续增加，同时开启了大数据时代，发展形势持续走好，对外开放程度不断提高。大力发展贵州内陆开放型经济，并且发展得更加充分、均衡，需要进一步推动金融综合改革，支持城乡经济一体化发展。综合来看，旅游产业作为贵州迅速成长起来的新兴服务业，基于贵州独特的自然环境，发展潜力巨大。发展旅游产业是贵州城乡经济一体化发展的鲜明渠道，有利于推动经济发展方式转变，化解贵州经济发展与资源环境矛盾突出的问题，符合建设资源节约型和环境友好型社会的国家战略；有利于拉动内需，促进就业增长；有利于拉动服务业和相关产业的成长。基于以上优势，发展省内旅游产业，有利于促进城乡经济一体化统筹发展，达到贵州内陆开放型经济试验区经济可持续发展的效果。

完善基础设施建设不仅是完善城市功能、提升城市综合承载力的基础工程，更是推进城乡经济一体化发展的物质支撑。当前，贵州内陆开放型经济试验区的基础设施融资难的问题比较突出，应该推进城乡金融综合改革。

第一，统筹城乡基础设施融资，避免城市只考虑城市，农村只考虑农村的难以衔接的基础设施建设现象，应该合理制定城乡基础设施投资规划，注重大局，注重系统性和协调性，形成统一的基础设施系统。

第二，利用贵州设立内陆开放型经济试验区的大好时机，政府放宽

① 王学荣．中国城乡二元结构分析：从历史到现实［J］．学术问题研究，2015（01）：30-34.

融资主体的限制，放开对新型农村金融机构的设立条件和投资农村基础设施的条件约束。

第三，具体情况具体分析，政府应该制定完善的政策，打造能适用于农村基础设施融资方式的 PPP 模式、BOT 模式、PFI 模式和 ABS 模式等融资方式①，为民间资本的进入提供足够的吸引力。

第四，划清投资主体在农村基础设施投资中的事权和责任。农村的基础设施具有公共产品的属性，因此在事权和责任上一定要划分清晰，避免不必要的纠纷。具体来看，划清投资主体在农村基础设施投资中的事权和责任，一方面是政府和市场之间的界限划清，政策在其中尤为重要，政府一定要放宽民间资本进入农村基础设施领域受政策的约束，尽力杜绝市场参与农村基础设施建设容易造成的权力寻租和逆向选择等问题；另一方面则是要划清政府之间的事权和责任。地方政府的事权和财权一定要把握好，防止财权大于事权的发生，避免发生财政负担太重、无法维持基础设施建设以及后期管理维护不到位的问题。

第五，改革投资决策调动农民的积极性。目前，我国农村的“一事一议”制度给了农民机会，带动农民参与当地基础设施投资决策②，但是在执行力度上，农村基础设施的投资决策呈现以行政命令为主、投资决策“自上而下”的状态，在这种“自上而下”的决策方式中，没有农民的直接参与，决策“盲人摸象”不符合农民的需求，导致农民的积极性不高。基于此，在发展农村基础设施建设的规划中，做决策时

---

① 蔡宇飞 . BOT、PPP 与 ABS 三种融资模式的比较探析［J］. 企业导报，2010（01）：166-167.

② 匡远配，曾福生 . 农村基础设施建设的投资模式选择［J］. 兰州学刊，2009（02）：127-132.

应该与农民直接沟通，了解农村的实际情况和农民的实际需求。

五、制定政策引入社会资本投资基础设施，推进基础设施投融资的改革与发展

当前贵州经济发展速度较快，不断加速的城市化进程催生了基础设施需求的多样性。综合来看，社会资本在当前贵州内陆开放型经济试验区基础设施项目融资中的地位越来越重要，主要体现在以下两个方面：其一，社会资本的参与为贵州内陆开放型经济试验区基础设施建设添加活力，是稳定经济增长的重要因素①。其二，社会资本的参与使得城乡基础设施配置更加合理，加大了城乡基础设施供给力度，提高了城乡基础设施投资效益，促进了城乡经济一体化的发展。因此，社会资本在贵州内陆开放型经济试验区扮演的角色尤为重要，为鼓励社会资本参与基础设施，贵州内陆开放型经济试验区当前应该制定政策加快投融资体制改革，不断创新融资模式，引入市场机制。鼓励社会资本进入基础设施建设，政府应该规范和细化相关社会资本退出政策，完善社会资本的退出机制。

第三节　重点任务

随着改革开放进程的推进以及对经济发展条件认识的深化，扩大内陆开放已经成为我国协调经济发展、全面融入国际经济体系的重要"抓手"。贵州作为我国西部内陆经济发展的"短板"，典型的"投资拉

① 任远．城镇化发展需要基础设施建设的支撑［EB/OL］．（2017-10-31）［2018-10-09］．https：//wenku. baidu. com/view/d4490161b207e87101f69e3143323968011cf4dc. html.

动型”经济发展区域定位，亟须转变经济发展模式、充分发挥区位优势引资引智以适应内陆开放背景下经济发展的要求。综合来看，贵州符合设立内陆开放型经济试验区以助力区域协调发展的客观条件。2016年国务院批准设立贵州内陆开放型经济试验区，作为中央全力支持贵州践行五大新发展理念的组合拳。贵州内陆开放型经济试验区的设立，为当下贵州打赢脱贫攻坚战役、建设内陆开放高地提供了新的发展契机。贵州内陆开放型经济试验区作为响应国家开放发展政策、弥补内陆欠发达地区发展短板的试验区，有着较为突出的发展政策优势和区位优势，是创新内陆开放体制机制的新高地。与此同时，对于探索内陆地区、生态地区和贫困地区开放发展的创新型路径，推动全方位、多层次、宽领域的开放新格局发挥着举足轻重的作用。这一举措不仅为贵州实现脱贫攻坚、弯道超车、决胜同步小康提供了重大机遇，也是为国家社会主义现代化建设、共同富裕目标实现做出的积极努力。

近年来，贵州内陆开放型经济试验区相关部门一直把开放型经济建设放在突出的位置。贵州内陆开放型经济试验区坚持以开放推动发展、以开放促进改革、以开放引领创新，着力改善基础设施建设环境并取得显著成效。为积极推进贵州内陆开放型经济试验区建设，贵州相关部门深刻解读政策与意见，结合实际发展状况，制定了为期五年（2016—2020年）的《贵州内陆开放型经济试验区建设规划》以贯彻落实内陆开放型经济试验区建设的相关规章政策，助力贵州内陆开放型经济发展高地建设。具体来看，贵州作为内陆开放型经济试验区的建设实施方案是以建成现代产业体系为核心目标，基本形式是以大数据、大健康、大旅游、大生态为核心，持续提升对外开放水平，实施开放式扶贫，最终建设成为内陆地区开放经济发展新高地。从贵州内陆开放型经济试验区建设规划来看，近几年，其主要任务着眼于三个方面。

一是建立贸易便利化试验区。主张以进一步深化改革体制机制为切入点，通过简化贸易程序和手续、协调使用法律和规定等措施，实现贸易程序的简化和协调；通过加速要素跨境的流通，打破影响区域间和区域内外贸易活动的障碍或者壁垒，实现区域之间的贸易便利化。

二是建立现代产业发展试验区。主张战略引领，坚持以大数据、大旅游、大生态、大健康产业为重点，推动形成具有鲜明区域特色、强劲竞争能力、可持续性发展的现代产业发展试验区。建立现代产业体系，是中国经济新常态发展的响应。从经济增长新常态来看，旧常态中赶超目标、追求超高速的产业会转向中高端产业，也对推动符合现代化产业发展试验区的基础设施建设提出了新的要求。

三是建立开放式扶贫试验区。贵州地处我国西南腹地，是我国贫困人口最多、贫困程度最深、扶贫难度最大、脱贫任务最重的省份，也是我国脱贫攻坚的主战场和决战区。“要想富，先修路”已成为全民的共识。推进城乡经济一体化的发展，基础设施的建设是解决贫困地区发展经济脱贫致富的必要措施。

综合来看，当前贵州内陆开放型经济试验区的主要任务在于着力构建“三位一体”的内陆开放型经济试验区，即推动投资贸易便利化试验区、现代产业发展试验区和开放式扶贫试验区协调发展。“三位一体”的内陆开放型经济试验区建设离不开大量资金的投入。贵州内陆开放型经济试验区基础设施融资的重点任务就是为上述“三位一体”的基础设施建设提供融资服务。当前，打好基础设施建设的“地基”，贵州内陆开放型经济试验区基础设施建设的重点任务主要体现在以下三个方面。

一是建设内陆投资贸易便利化试验区的基础设施，包含了对外与对内的交通设施，对外的交通设施包括航空、铁路、航运、普通公路和高速公路等，对内的交通设施包括道路、桥梁、隧道、地铁、高架、公共交通、出租汽车、停车场等。解决贵州内陆投资贸易便利化试验区基础设施融资问题，首先，应该着力深化基础设施融资体制改革，以体制机制为保障便利化基础设施融资。政府应该根据基础设施建设工程项目的性质对各类基础设施进行分类，明确界定自己的职能作用与投资范围，并逐步简政放权，最大限度地缩小基础设施建设审批、核准和备案时长和范围。其次，强化企业基础设施投资主体地位，激发市场主体投资基础设施领域的动力和活力。实行企业投资基础设施项目管理“三个清单”制度，即实行企业投资项目管理负面清单制度；实行企业投资项目管理权力清单制度；实行企业投资项目管理责任清单制度。进一步减轻企业的基础设施建设成本负担，通过积极的创新管理模式，使企业在进行基础设施项目建设时可以最大程度地节省制度性交易成本，加大基础设施建设投资对企业的吸引力。最后，完善基础设施投融资环境，营造公平合理的基础设施投资氛围。通过完善基础设施领域的市场准入负面清单制度，逐步降低企业进入基础设施领域的门槛；组织实施公平竞争审查制度，加强反垄断和反不正当竞争执法。此外，还应积极推进外商投资管理方式改革，积极创新利用外资方式，简化外资进入审批程序。

二是建设现代产业发展试验区的基础设施，主要搭建支撑现代产业的网络骨干平台，开展信息基础设施的建设。以大数据、大旅游、大生态、大健康战略为引领，以创新驱动发展为核心，以提质增效为主攻方向，推进建设现代产业发展试验区健康持续发展。解决贵州现代产业发展试验区基础设施融资问题，首先，应该深入推进大数据战略，大力发展大数据相关业态，积极推动大数据与其他行业的深度融合。其次，应该坚持“全域旅游”的发展理念，加快创新旅游体制机制，优化服务体系、提升服务质量，打造山地生态旅游特色品牌。最后，应紧密围绕绿色发展方向，充分利用区位优势和相关政策优势，推动发展大生态产业，构建具有贵州特色的绿色产业体系。此外，还应该创新现有产业，推进大健康产业的多向拓展融合，打造旅游度假、生态宜居的胜地。

三是建设开放式扶贫试验区的基础设施，重点做好贫困村交通、饮水、用电、通信、公共服务等几个方面建设。扶贫项目作为一项大工程，需要借助各个方面的力量，全方位、开放式地展开脱贫攻坚战役。解决贵州开放式扶贫试验区基础设施融资问题，首先，应从制度层面协调发展，深化落实对口帮扶理念，完善东西部扶贫协作机制、健全吸引外资扶贫机制。其次，应激发贫困地区的发展内生活力，创新发展乡村旅游扶贫模式。旅游业作为贵州的亮点，应积极推动贫困地区旅游基础设施建设与扶贫开发、生态文明建设等有机结合，为贫困地区脱贫致富提供有利的条件。最后，应该创新开放式扶贫资源利用新路径。稳步推进农村土地资源优化配置，推广“三变”经验和普定县秀水村“秀水五股”模式，从根本上提高人民的财产性收入和生活水平，在改革过程中集聚充足的资金以支持基础设施建设。此外，还应积极完善扶贫融资担保政策和扶贫项目风险补偿机制，促进人力资源、自然资源等要素资本化、市场化，打通金融服务贫困地区基础设施建设以及经济发展的“最后一公里”。

当前从贵州内陆开放型经济试验区基础设施建设的总量上来看，基础设施融资需求满足难度较大。在今后的内陆开放型经济建设过程中，用于基础设施的资本不仅要满足落后地区的新增基础设施建设，也要满足当前较为发达地区的基础设施更新。由此推断，在整个“三位一体”的基础设施建设覆盖范围内，融资需求总量巨大，目前的融资渠道在推动贵州经济进入高速发展期上还有很大的增幅空间，必须整体进行拓宽，加大融资量。当前贵州内陆开放型经济试验区基础设施融资的重点任务即为上述“三位一体”的基础设施建设提供融资服务。

第六章 CHAPTER SIX

贵州内陆开放型经济试验区基础设施融资的对策建议

内陆开放背景下，贵州基础设施融资迎来了机遇与挑战并存的发展时期。一切经济活动的开展都离不开源源不断的资金供给。融资问题的缓解，不仅对贵州基础设施建设的推进具有重要作用，对我国经济的发展也会产生不可估量的联动效应。这要我们带着发展的眼光和发现问题的意识对待贵州基础设施融资难题，不断创新发展推动贵州内陆开放型经济发展示范高地的建设。基于此，融合内陆开放的发展背景，以具体问题为导向，贵州基础设施融资应“对症下药”。

我们在前文系统分析了目前贵州内陆开放型经济试验区基础设施融资所面临的问题。其中，一方面是对国家基础设施融资政策取向、贵州内陆开放型经济试验区基础设施融资面临的新形势、新要求的外部发展条件分析，旨在阐明新的发展阶段贵州内陆开放型经济试验区基础设施融资建设顺应时代的潮流，具有前所未有的发展机遇。另一方面是对贵州基础设施融资现状与存在的问题进行分析，旨在突出目前贵州基础设施融资建设的着力点，从基本思路、主要目标、重点任务三个方面系统分析了贵州基础设施建设的融资方向。在把握我国融资政策取向以及借鉴国外融资经验的前提下，结合贵州内陆开放型经济试验区基础设施融资的具体指导纲要以及实际发展状况，主要从深化基础设施融资体制改革、拓宽基础设施融资渠道、创新基础设施融资体制机制、规避基础设施融资风险、创新农村基础设施融资模式五个方面归纳整理了贵州内陆开放型经济试验区基础设施融资问题的具体对策建议，力图为解决贵州内陆开放型经济试验区基础设施融资存在的问题提供有价值的经验借鉴，使贵州内陆开放型经济试验区经济建设可以突破融资局限获得跨越式发展。同时，也希望对于贵州内陆开放型经济试验区基础设施融资的研究可以为广大学者提供有价值的经验借鉴。

第一节　深化基础设施融资体制改革

《中共中央 国务院关于深化投融资体制改革的意见》（中发〔2016〕18号）中明确指出，党的十八大以来，推行的相关政策在一定程度上使投融资体制改革取得了新突破。但是，投融资管理仍然存在着体制建设层面问题，主要涉及政府与企业定位模糊、投资项目融资难、融资贵以及法制环境不完善三个方面。显然，上述问题同样存在于今后一段时期贵州内陆开放型经济试验区基础设施融资过程中。基于此，本书通过对《中共中央 国务院关于深化投融资体制改革的意见》（中发〔2016〕18号）进行详尽分析，以现存的几个问题为落脚点，试图整合深化融资体制改革的建议以助力现阶段贵州内陆开放型经济试验区基础设施融资问题的解决。

一、转变基础设施融资理念，以创新思想推动基础设施融资体制改革

贵州内陆开放型经济试验区推进基础设施融资体制改革应在具体分析区域实际情况的前提下，明确指导思想。理念创新主要可以围绕三个方面进行：一是在指导思想方面，应以习近平新时代中国特色社会主义思想为指导，贯彻落实新理念、新战略。致力于全面解决区域基础设施融资问题、补齐区域基础设施建设短板，助力贵州以及全国的经济发

展。二是在目标导向方面，应围绕渠道多样化、主体多元化、结构合理化、收益最大化的目标，着力完善贵州基础设施融资管理体制机制。与此同时，应始终肯定政府基础设施项目投资的主导作用、基础设施融资市场化的基础作用，从多个层次、多种形式、多条渠道进行基础设施融资体制的创新改革。三是在基本原则方面，应坚持三项原则，即政府主导，共同参与原则；积极创新，畅通渠道原则；量力而为，稳步推进原则。

二、明确政府职能定位，强化企业基础设施投资主体地位

纵观我国基础设施投融资体制的发展历程，随着市场经济体制的确立，由单一的投融资体制向市场化、多元化的投融资体制逐步过渡。在这一过程中我们可以明显地发现政府始终处于主体地位①。政府为主体是贵州内陆开放型经济试验区乃至国家投融资体制改革过程中面临的根本性难题。在新的发展阶段，贵州内陆开放型经济试验区深化基础设施融资体制改革首先应致力于政府的简政放权与企业的主体地位强化。当然，从近期来看，政府财政扶持在贵州基础设施融资过程中占比依旧较大，企业参与度和积极性相对较低。因此，在深化基础设施投融资体制改革的过程中，应逐步落实企业作为真正的主体应享有的投资自主权，并提高其承担投资风险和责任的能力；政府应基于统筹的职能定位加以指导而不应过多的干预。

加入 WTO 使得我国企业在经营决策方面完全自主，但是在基础设

① 张浩良．英国投融资体制政策要点及对我国的启示［J］．海南金融，2016（07）：38-42.

施投资领域依旧受到政府过多干预的束缚，由此致使其市场化程度较低。针对这一现象，贵州内陆开放型经济试验区在加快基础设施融资体制改革步伐的进程中，应推行相关措施以减少企业在基础设施投资方面的壁垒，强化企业在基础设施投资方面的主体地位。主要可以从以下三个方面着手：一是最大限度地简化企业进入基础设施领域的审核手续。这一措施旨在从制度方面保证企业可以顺利地进入基础设施投资项目中，使得作为投资主体的企业减少在基础设施建设投入资金方面的顾虑，从而落实贵州基础设施建设的资金。二是政府简政放权，推进企业基础设施投资便利化管理改革，进一步降低企业的基础设施建设成本负担。通过积极创新管理模式，使得企业在进行基础设施项目建设时可以最大程度地节省制度性交易成本，加大基础设施建设投资对企业的吸引力。通过加大企业不良资产处置力度奠定企业进行基础设施建设投资的物质基础。三是完善基础设施投资环境，营造公平合理的基础设施投资氛围。通过完善基础设施领域的市场准入负面清单制度，逐步降低企业进入基础设施领域的门槛、尽快取消对企业资本特设的不合理规定。组织实施公平竞争审查制度，加强反垄断和反不正当竞争执法。通过严格界定政府投资范围，拓宽企业投资基础设施领域的广度与深度，激发企业在解决基础设施融资问题方面发挥主体作用。

三、完善基础设施投融资宏观调控体系，正确引导融资问题解决

在内陆开放背景下，贵州基础设施融资问题的解决应致力于全方位的开放，坚持以开放招商引资，坚持以开放激发内生活力。基于此，必

须完善基础设施投融资宏观调控体系，助力贵州内陆开放型经济试验区内外部资源联动发展。贵州内陆开放型经济试验区在基础设施融资过程中，解决政府为主体、国家进行垄断的基础设施投融资体制改革的难题，不仅需要政府简政放权，强化企业基础设施投资的主体地位；而且需要完善基础设施投融资宏观调控体系。基础设施完善代表的是社会的公共利益，不仅具有长远性，而且对经济的发展发挥着强大的影响力。由于基础设施建设周期较长，资金需求量较大，短时间内很难筹集到足够的社会资本。因此，当前贵州内陆开放型经济试验区基础设施融资问题的解决需要国家政策的倾斜、财政资金的补贴。与此同时，政府要积极地完善基础设施投融资宏观调控体系，注重融资规模与融资结构的合理性，充分发挥融资的转化效率、带动贵州内陆开放型经济试验区经济发展。

政府应该根据基础设施建设工程项目的性质对各类基础设施进行分类，明确界定自己的职能作用与投资范围。在基础设施融资过程中，政府应侧重于发挥自身的监管调控作用，政府可以通过对基础设施建设工程项目的性质分类，在明确界定自己的职能作用与投资范围的前提下合理进行统筹，以自身的监管调控作用引导企业及其他投资主体进行基础设施建设。政府可以通过对基础设施融资规模的合理控制，分层次、有区别地规划不同发展背景下的地区基础设施融资，对于贵州不同地区有的放矢地进行基础设施投融资建设。对于那些经济发展相对较快、城镇化水平相对较高的地区，政府应合理、适当地控制基础设施融资规模，不能盲目地追求大型基础设施项目的建设。对于那些经济发展相对较慢、城镇化水平相对较低的地区，政府应该通过积极的融资政策合理地提高基础设施投资额度，系统完善基础设施硬件条件，以便促进当地经济增长，实现贵州区域内整体的协调发展。此外，贵州内陆开放型经济试验区在完善基础设施投融资宏观调控体系的过程中应该重点展现各投资主体的高度融合性，推动基础设施建设的供给效率和质量均得到实质性提高。这一举措一方面能够更好地满足公众对于基础设施建设的多元化需求，另一方面可以扩大利用社会资本的规模、减少政府对基础设施建设的直接投资从而降低政府财政的负担。与此同时，贵州内陆开放型经济试验区还应该积极地引入市场竞争机制、平等对待基础设施各投资主体，使得社会资本可以在竞争过程中得到充分应用①。

四、积极创新利用外资方式，简化外资进入审批程序

长期以来，我国大多数试验区基础设施建设都是采用直接利用外资的形式。然而，单纯地依靠直接利用外资已经不能适应国际资本流动的趋势。诸多研究表明，成熟的市场经济的国家或地区主要是在遵循国际资本市场运行规律的前提下，采取间接利用外资的形式，即通过在国际证券市场上发行和买卖证券形成资本的国际流动。新的发展阶段，在贵州内陆开放型经济试验区基础设施融资过程中，应该积极转变利用外资的方式，打破原有的单纯依靠直接利用外资的传统观念，树立直接利用外资、间接利用外资、国际信贷“三位一体、并驾齐驱、重在成效”的创新理念。贵州内陆开放型经济试验区应积极发挥比较优势，建立良好的吸引外资机制。这样不仅可以缓解目前基础设施建设过程中“融

① 翁燕珍，王利彬．投融资体制改革对交通基础设施领域的影响——解读《关于深化投融资体制改革的意见》[J]．中国公路，2016（17）：56-61.

资难融资贵”的问题，而且在吸引国外企业对贵州内陆开放型经济试验区基础设施项目进行投资过程中也会促进经济、文化的交流，使先进融资理念与创新融资模式实现共享。

对于吸引外资进入贵州基础设施融资建设，当地应着重改善整体基础设施建设投资环境，通过制定各类优惠政策吸引外资的流入。所有企业在进行项目投资的时候，一定会对所投资的项目进行整体的可行性分析。所以，想要引入外资进行本地的基础设施建设，需要提供各类优惠政策，减少外资流入的风险并提供相匹配的回报价值。就境外融资方式来说，除了通过境外金融机构贷款、境外企业贷款等传统融资方式，贵州还应积极地在境外发行债券筹集资金调回境内使用。与此同时，近年来，贵州积极地推行跨境融资新政，为其中资企业融资提供了新的途径，也为贵州基础设施融资带来了新的发展契机。诸如，2017 年颁布的《中国人民银行关于全口径跨境融资宏观审慎管理有关事宜的通知》，大力支持企业充分利用境外资金，并将企业跨境融资额度上限由企业净资产的 1 倍扩大至 2 倍。同时，贵州外汇管理部门通过召开银企座谈会、外汇业务宣讲会等，为企业搭建银企对接平台，通过“一对一”的深度合作，有效帮助企业充分利用“两个市场、两种资源”，缓解贵州企业“融资难”“融资贵”的状况。贵州内陆开放型经济试验区可以出台相应的跨境融资政策，在尽可能规避跨境资金汇率风险的前提下，致力于简化跨境基础设施投融资管理程序，降低跨境基础设施资金流动门槛，为省内基础设施建设资金的跨境流动提供便利。只有从根本上降低外资在我国的投融资建设成本，才能具有长足的吸引外资优势。只有不断地推进基础设施融资服务创新，才能使得贵州基础设施融资体系不断地完善。

五、优化法制环境，逐步完善基础设施融资服务体系

在构建贵州内陆开放型经济试验区基础设施融资法律体系的过程中，应加强投融资相关领域的法制建设，从制度层面为基础设施融资模式创新提供保障。如果没有健全的法律体系，即使基础设施融资改革和创新符合贵州本地发展要求，从根本上得不到保障，也难以实现预期效果。所以，贵州在基础设施融资过程中，应该根据社会经济发展需要，及时制定配套的法律、法规，优化环境，完善基础设施融资服务体系。此外，还应积极地培育和发展门类齐全的中介机构，细化贵州内陆开放型经济试验区基础设施融资的各个流程，在专业化的指导下提高基础设施融资的可行性，从而提高基础设施融资效率、完善基础设施融资服务体系。

具体来看，主要可以从以下四个方面着手完善基础设施融资服务体系：一是针对贵州内陆开放型经济试验区基础设施融资相关法律缺位的现象，在相关法律法规内，通过组织税务、监管等相关部门进行调研分析后，根据实际情况商议出台适宜的规章制度。在这一过程中，要谨慎把握基础设施融资建设相关法律法规的一致性，避免不同部门之间法律法规相互矛盾、难以执行的现象发生。如果贵州出台的基础设施融资相关法律法规与中央相关法律法规相悖，则注定不能起到相应的积极作用，甚至可能会适得其反。反之，在地方与中央法律法规相一致的前提下，才能更好地贯彻落实各项措施。二是针对贵州现有的涉及基础设施融资的行业或部门法律法规进行修订与完善，明确参与基础设施建设的

相关主体的责任。贵州内陆开放型经济试验区基础设施融资所涉及的行业和部分并不是单一的，这些多元的行业与部门都应该有相应的法律法规体系。只有全方位地确保贵州基础设施建设运作过程有法可依，才能有效地防范和降低基础设施建设的融资风险。三是在完善贵州内陆开放型经济试验区基础设施融资法律法规的同时，加强对其融资过程的监督。通过积极地开展基础设施融资相关主体的监管盲区调查，制定出台必要的监管新政措施、建立跨部门的监管协调机制，并注重加强各类监管政策和监管机构的协调性①。通过设立相关的部门对基础设施建设项目资金的使用、项目的运行以及后期的维护工程等方面进行不定期核查，保证各项政策的落实。四是通过培育和发展门类齐全的中介机构，以提高基础设施融资的专业化程度。可以致力于积极地设立服务地方的新型金融机构；积极地吸引股份制商业银行和全国性城市商业银行设立贵州区域性总部或分支机构，引进有影响力的外资银行设立分行。

第二节　拓宽基础设施融资渠道

一、强化基础设施融资平台建设

综观目前我国的发展状况，地区发展不平衡和不充分是最为突出的问题。党的十九大报告明确指出了中国特色社会主义已经进入新时代，现阶段社会的主要矛盾是人民日益增长的美好生活需要和不平衡不充分

① 张浩良．英国投融资体制政策要点及对我国的启示［J］．海南金融，2016（07）：38-42.

发展之间的矛盾。因此，新时代背景下要求城乡各项建设统筹推进，各项战略坚定实施，坚决打好脱贫致富的攻坚战。党中央提出的这些新要求，无疑对以地方社会经济发展为主要责任的基础设施融资平台提供了难得的发展转型机遇。内陆开放背景下，贵州应充分借力时代机遇，坚持“引进来与走出去”双向发展的原则，强化基础设施融资平台建设，在防范系统性金融风险的前提下，有效应对平台自身存在的问题、防范存在的风险、加快职能转变和转型，以便满足发展的需求、适应时代的要求。

具体来看，主要可以从以下三个方面着手完善基础设施融资平台：一是明确基础设施融资平台的职能定位。从理念层面进行转变，尽快摒弃其单纯的作为地方政府融资工具的传统观念，注重提高基础设施融资平台的资产质量和经营能力，加速培育具有创新性、成长性、经营性的核心业务和新兴产业。贵州基础设施融资平台在转型过程中必须时刻把握时代脉搏、紧跟时代潮流；必须深入贯彻创新发展理念、不断调整转型发展思路；必须充分发挥区域资源运作平台和基础设施投资引导的作用。唯有如此，基础设施融资平台才能在激烈的市场化竞争中最大程度地发挥出潜能。二是全面系统地分析基础设施融资平台现存的优势和劣势。通过系列举措实现留精华、去糟粕的目的，着力构建具有针对性的专业性平台、层次分明的融资平台体系。在完善基础设施融资平台的过程中，需要积极地借鉴类似区域进行融资平台建设的经验，在遵循“以我为主，为我所用”原则的前提下，因地制宜地转型创新当地的基础设施融资平台。通过建立科学有效的基础设施融资平台治理结构、决策系统，加大培育与引进专业人才的力度，逐步抵消行政色彩浓厚的弊端并提高融资平台的运作效率。三是注重基础设施融资平台监管体系的规范。在完善基础设施融资平台建设的过程中，监管体系的建立是一个不容忽视的问题。“无规矩不成方圆”，如果监管制度缺失或是力度不够，最终依旧导致基础设施融资平台的效率较低，不能解决实质性问题。据此，可以通过推动基础设施融资平台的信息公开透明制度建设，明确责任主体、控制债务风险，以民众作为监督和建言献策的主体，不仅使得社会各阶层参与到基础设施融资平台建设中来，而且可以最大限度地保障基础设施融资平台的可持续发展①。

二、加大“引金入黔”的工作力度

“十四五”时期随着国家“推动西部经济发展”政策的倾斜和贵州投资环境的不断改善，金融机构入黔的意向明显增长。金融作为现代经济的核心，地方经济的发展需要完善的金融体系支撑，基础设施建设需要更多的资金注入。从目前来看，贵州地方的金融体系不足以支撑当地经济的发展，“引金入黔”对地方经济发展以及解决基础设施融资问题都是一件好事。这不仅可以改善贵州的金融环境，提高贵州的经济总量，而且能够吸引新的资金投入。因此，“向外”拓展融资渠道，积极开创“融资+融智”的发展模式，加大“引金入黔”的工作力度是目前贵州内陆开放型经济试验区基础设施建设过程中不可或缺的融资途径。

具体来看，主要可以从以下三个方面吸引资金注入基础设施建设：一是优化基础设施融资环境，加大对外来资金注入贵州基础设施建设的

① 胡梅梅，康丽文．“两型”社会基础设施的可持续融资机制研究［J］．金融经济，2014（08）：106-107.

吸引力。各投资主体进行投资在一定程度上都要考虑投资项目的可行性与获益性。基于此，贵州内陆开放型经济试验区在吸引外资的时候，必须考虑优化当地的基础设施融资环境，完善各项保障措施。只有向投资主体充分展示地域优势，才能真正地吸引大额度资金投入本地建设，这是一项双向获益的过程。二是提高现有银行的授信额度，提高资金转化效率。提高现有银行授信额度，即企业能够以更大额度便捷、循环使用银行的短期授信资金。在一定程度上意味着企业基础设施投资的资金储备的增加和融资成本的降低。争取金融机构授信额度，进一步增加信贷规模、满足企业合理融资需求，在一定程度上有助于解决贵州基础设施融资的问题。三是引进金融机构之后致力于开放市场，加强监管。可以运用网络科技技术，做好融资对接服务；根据金融机构向中小微企业信贷支持规模，按照一定比例给予财政配比存款支持；发挥政府的引导作用，加大金融机构融资产品创新力度，通过出台相关政策，推动金融机构结合区域实际创新融资产品；依托贵州地区金融服务网，组织召开银企对接活动提高企业融资成功率；让有条件的金融机构在地区设立分支机构等。这些措施对当地经济建设将会起到不可估量的作用。贵州经济基础较为薄弱，基础设施建设需要引进外来金融机构和资金，“引金入黔”可以极大程度地解决制约贵州的资金瓶颈问题。

三、构建多层次资本市场

贵州内陆开放型经济试验区基础设施建设的资本化、证券化程度比较低。在政府的财政补贴与基础设施建设需求矛盾凸显的阶段，资本市场如同一片广阔的蓝海，具有很大的发展潜力。通过建立多层次的资本市场筹集基础设施建设所需的资金是发达国家进行基础设施融资的重要方式，并且在贵州内陆开放型经济试验区基础设施融资过程中具有很大的可行性和潜力。据此，积极地借鉴发达国家的先进经验，培育和建立多层次资本市场，将是拓宽贵州内陆开放型经济试验区基础设施融资渠道的重要途径。

顺应国家构建多层次资本市场体系的趋势，贵州内陆开放型经济试验区应在坚持多层次资本市场发展方向的基础上，最大限度地调动企业参与资本市场的积极性，并充分发挥多层次资本市场服务基础设施领域的作用，解决基础设施融资问题。贵州应继续发展交易所市场，做强主板市场，强化创业板服务创新型、成长型企业的水平和能力；落实国务院常务会议关于将新三板扩大多层次资本市场体系，规范发展区域性股权市场，提升其服务实体企业的能力的要求；鼓励企业进行内部改革，逐步地走进市场、实现上市挂牌；发布系列举措扩大股权债权融资的占比；最终推动贵州多层次资本市场的快速发展。此外，还应该大力发展投资银行，盘活和重组国有企业净资产，为诸多企业进行“造血”；完善区域要素市场体系功能，促进资源资本化和资产证券化发展；探索建立覆盖范围较广的产权交易市场并且大力发展各类投资基金以引导闲置资金流通。

从大力发展各类投资基金来看，贵州应着重发展股权投资基金。贵州属于典型的投资拉动型经济发展区域，大量资金在银行、居民手中闲置甚至外流导致省内基础设施建设、企业发展存在资金缺口，使得省内金融对经济发展的支持明显不足。股权投资基金作为直接融资的重要手段，发挥着沟通信贷市场与股票市场桥梁的作用，旨在实现企业与资本市场的灵活高效对接，提高金融市场的资源配置与风险分散能力并推动产业创新与转型①。因此，大力发展股权投资基金，能够带来资金、引入优秀人才、先进管理方法与上市融资相对接的配套服务；丰富金融机构种类、提高储蓄转化为投资的效率、解决金融业发展不平衡的问题，从而促进贵州经济又好又快地发展、解决贵州内陆开放型经济试验区基础设施融资问题。

第三节　创新基础设施融资体制机制

基础设施是社会主义现代化建设的重要内容和社会经济发展的重要支撑。近年来，随着基础设施融资体制机制的不断创新，贵州基础设施环境在很大程度上得到改善，生产生活条件明显提高。但是由于历史遗留问题，如资金流通效率较低、融资渠道相对闭塞、融资体系并不健全等，当地基础设施融资体制机制亟须创新优化。综合来看，贵州内陆开放型经济试验区基础设施建设仍比较薄弱，城乡基础设施建设也存在严重的不平衡问题，与全面建成小康社会的要求还有较大差距。贵州内陆开放型经济试验区基础设施建设过程中，融资问题最为突出。应以加快补齐区域基础设施融资短板为目标、以创新投融资体制机制为突破，全方位优化融资模式、拓宽融资渠道、提高融资管理水平②。现阶段，解决基础设施融资困境应该致力于基础设施融资制度安排的创新，坚持以

① 王儒林．破解金融发展难题，构建多层次资本市场体系［J］．经济纵横，2010（05）：1-4.

② 国务院办公厅关于创新农村基础设施投融资体制机制的指导意见 国办发〔2017〕17号［EB/OL］．(2017-02-17)［2018-06-09］．http：//www.gov.cn/zhengce/content/2017-02/17/content_5168733.htm.

政府为主导、多元融资主体为支撑，通过多渠道的基础设施直接融资机制与良好的吸引外资机制，积极地探索适合贵州各区域的基础设施建设模式，全方位、系统地提高贵州内陆开放型经济试验区基础设施建设的效率，促进其经济的长远发展。

一、创新制度安排，培育新型主体以建立多元化融资机制

贵州内陆开放型经济试验区基础设施融资体制机制创新过程中，应着力创新制度安排。相关制度安排应该围绕基础设施融资法律法规进行细化，针对具体类型的基础设施建设提供制度层面的指导和保障。具体可开展的措施有：设立独立的贵州区域开发基金，专门从事基础设施建设过程中的融资、担保、补贴利息等业务。为贯彻落实中央、贵州关于深化基础设施建设投融资体制改革的有关精神，应始终突出政府的主导作用、企业的主体地位，围绕市场化运作进行基础设施融资模式的创新、融资渠道的拓宽，最大限度地完善融资环境吸引社会闲置资本注入基础设施建设，逐步构建规范性极强的基础设施融资体制。

从贵州内陆开放型经济试验区基础设施融资机制现存的问题来看，市场化程度较低削弱了社会资本进入基础设施领域的动力。近年来随着基础设施领域和新兴科技的融合，管理水平得到很大程度的提高，基础设施领域逐步对社会资本开放①。基于此，扩大基础设施融资规模，满足地区经济发展对基础设施的需求并提高基础设施融资效率，建立强有

① 谢玲．中国基础设施投融资体制改革研究［D］．武汉：武汉大学，2005.

力的政府引导的多元化基础设施融资机制有其必然性。贵州内陆开放型经济试验区基础设施融资机制创新过程中应该充分发挥政府的引导作用，由政府出面组织协调基础设施融资相关制度的落实，充分借助政府的信用价值以提高基础设施融资活动进行的可行性，消除各类基础设施融资主体的信用忧虑。建立独立的投资机构专门行使政府投资的职能，不断完善政府在基础设施融资过程中的主导地位。此外，还应该着重培养各类新型的基础设施融资主体，提高民间资本向基础设施领域的投入额度。除了传统的银行信贷融资与政府发行债券融资，还应该建立多元化的基础设施融资机制，出台具体的优惠政策降低社会资本的进入门槛，调动新型主体的投资兴趣。通过构建多元化的基础设施融资新格局，健全分级分类投入体制、完善财政投入稳定增长机制、创新政府投资支持方式、建立政府和社会资本合作机制、充分调动农民参与积极性、加大金融支持力度、强化国有企业社会责任和引导社会各界积极援建等措施，实现贵州内陆开放型经济试验区基础设施融资体制机制的创新发展。

二、提高直接融资占比，建立多渠道的基础设施直接融资机制

中共十八届三中全会指出，要健全多层次资本市场体系，多渠道推动股权融资，发展并规范债券市场，提高直接融资比重①。基于对这一政策的理解以及基础设施融资现状，贵州内陆开放型经济试验区应建立

① 姚刚．提高直接融资比重具有战略意义［EB/OL］．（2013－11－30）［2018－06－09］．http：//www.ceh.com.cn/llpd/2013/11/273697.shtml.

多渠道的基础设施直接融资机制，提高基础设施建设直接融资比重，消除间接融资中间环节较为复杂的弊端，提高基础设施融资的效率。直接融资作为资金盈余者与短缺者之间直接进行协商的一种融资方式，与间接融资方式最明显的区别在于是否有金融机构或第三方作为资金融通的中介。间接融资方式中经由金融机构或第三方转手，无形中增加了融资成本。因此，目前我国正致力于构建多渠道的基础设施直接融资机制，旨在解决基础设施融资贵的问题。但是资本市场、直接融资在我国出现仅仅数十年，其配置资金的能力并不是很强势。与此同时，贵州内陆开放型经济试验区正处于经济发展方式转变、产业结构调整的转型期，迫切地需要构建多渠道的基础设施直接融资机制推行多种直接融资的方式缓解基础设施融资贵的问题。

具体来看，建立多渠道的基础设施直接融资机制，提高直接融资在基础设施建设中的比重，贵州内陆开放型经济试验区可以从以下三个方面入手：一是重点突出政府的引导支持作用。建议政府借助开放政策加大与本地区或其他地区金融机构、保险机构、产业基金对当地基础设施建设项目融资对接活动的力度，并积极引导直接融资相关的行政服务配套体系建设与完善。二是依托 PPP 模式着眼于金融工具和产品的创新。建议融合其他地区的先进经验，创新推出符合实际发展程度的系列股种和债券新品，不断地创新发展股票市场、规范发展债券市场与私募市场。三是构建“三位一体”的金融保障体系。建议政府通过构建风险预警、信用管理、风险补偿三大体系分担直接融资风险。通过对基础设施领域金融风险的定期公布、地方级信用管理平台的系统建设、市场主体间风险补偿体系的探索完善，最大限度地保护基础设施领域投资者的合法权益①。在各种保证措施以及创新型的直接融资机制的规划与管理之下，将其筹集的资金合理运用于基础设施建设；在不断降低基础设施投资成本的基础上，进一步提高开放型经济的发展层次。

三、发挥比较优势，建立良好的吸引外资机制

西方国家基础设施完善的融资体制机制、多样化的融资方式，为贵州基础设施融资模式的创新提供了诸多经验借鉴。加之，目前贵州在“一带一路”背景下，区域合作进一步深化，对于引进外资进行基础设施融资有着特殊的机遇。就贵州吸引外资的具体实际情况来说，2010年贵州突出“工业强省”战略以来，其在吸引外商直接投资方面迈上了新的台阶。近年来，随着交通等基础设施的不断完善，工业化、城镇化水平的不断提高，加之国家政策的倾斜，贵州吸引外资的区位优势增强、投资环境较为优越。总体来看，贵州内陆开放型经济试验区基础设施融资可以借助良好的条件积极地完善吸引外资机制，充分引进外资进行基础设施建设。

结合贵州内陆开放型经济试验区招商引资的实际情况分析，现阶段贵州内陆开放型经济试验区完善吸引外资的相关机制可以从以下方面着手。首先，应对贵州现有的吸引外资机制进行系统化分析，明确定位与区域优势，以便最大限度地兼顾双方利益。其次，在明确战略定位的前提下，制定相关的制度，推行各类外商进行基

① 卞志村，束姝姝．发展直接融资服务国家战略［J］．中国金融，2017（21）：91-92.

础设施投资的优惠政策，充分展现贵州的发展潜力，在“投其所好”的情境下顺利地引进外资。所有的投资行为从根本上来讲都是为了满足某方面的需求，从而获得长远的利益，只有足够的价值才有吸引投资的筹码。因此，应该充分地发挥比较优势、挖掘潜在优势，在相对完善的吸引外资机制的保障下，顺利地完成贵州内陆开放型经济试验区基础设施融资任务。

四、稳步推进农村土地资源优化配置，有序推广与积极探索先进融资模式

贵州内陆开放型经济试验区创新基础设施融资体制机制应致力于先进融资模式的探索与推广，始终坚持“以人民为中心”的发展思想才能调动最广大人民齐心协力共建共享发展成果。“以人民为中心”是以习近平同志为核心的党中央治国理政新理念新思想新战略的宗旨，是充分协调人民内部各方利益、坚持人民主体地位和以人为本的价值取向的新认识。贵州内陆开放型经济试验区基础设施融资过程中应致力于提高人民的收入与投资水平，稳步推进农村土地资源优化配置，充分发挥民间资本在基础设施融资过程中的作用，时刻谨记“以人民为中心”的发展思想。在新的发展阶段，贵州内陆开放型经济试验区应该积极地创新发展模式，使得贵州农民真正富裕起来，从而从贵州内部筹集基础设施建设资金，充分地发挥地域天然优势。

目前，贵州已经探索出一些经济发展模式，其中最为突出的案例是六盘水市的“三变”经验和普定县秀水村“秀水五股”模式。六

盘水“三变”改革中的“三变”即“资源变资产、资金变股金、农民变股东”，以股权为纽带，充分协调了不同市场主体的利益，促进了市场竞争力较弱的农民增收与贫困户脱贫，促进了农业增效、农民增收、农村增绿，切实提高了广大人民的收入水平与投资能力。秀水村“秀水五股”模式在贵州兴伟集团与普定县秀水村人民达成共识之后，结合当地的实际资源情况，有序地推进精准扶贫工作，并且取得了显著成效。这一举措值得贵州其他地区学习借鉴，对于农村土地资源的高效利用、人力资源的充分挖掘以及地区经济发展、基础设施融资都起着至关重要的作用。贵州内陆开放型经济试验区在接下来的脱贫攻坚战役中，应该真正地做到“以人民为中心”；在基础设施融资过程中，应该充分发挥广大农民的作用，盘活民间资本；深层次地挖掘基础设施融资需求，促进地区供需平衡。通过有序地推广六盘水市的“三变”经验和普定县秀水村“秀水五股”模式使更多的地区投入到经济发展建设中，为当地基础设施建设提供充足的资金保证。

此外，贵州基础设施融资难题的出现，究其根本在于经济发展水平不足以满足人民对基础设施领域的需求以及区域经济活力的严重缺乏。基于此，内陆开放背景下贵州应致力于探索新型开放发展路径。从目前来看，“三变”改革作为最有潜力的路径选择，正在逐步地推广。贵州应该紧抓开放发展机遇，鼓励各地区借助特色优势积极地融合“三变”改革发展理念，从根本上提高人民的财产性收入和生活水平，从而在改革过程中集聚充足的资金以支持基础设施建设①。

第四节　规避基础设施融资风险

贵州内陆开放型经济试验区基础设施融资问题不可避免地会提及融资风险问题，风险源于事件的不确定性。基础设施建设本身所固有的耗费资金大、建设周期长的特点注定会衍生诸多风险。从国内整体来看，基础设施供需矛盾日益凸显，基础设施融资不容搁置，问题的解决与风险的应对并存。就贵州区域而言，基础设施融资历史遗留问题诸多，新旧问题交织加剧了风险程度。本部分试图从风险识别与风险控制两个方面入手，提出具有针对性的具体规避风险的对策与建议。

一、识别基础设施融资风险源

一切问题的解决都源于对问题的透彻理解，贵州内陆开放型经济试验区基础设施融资风险的规避同样建立在风险全面识别的基础之上。通过对国内外相关研究的借鉴以及贵州基础设施融资的实际情况，本书利用层次分析法，构建了针对贵州基础设施融资问题的目标层、类别层和细化层三级风险评价指标体系②。其中，目标层即贵州内陆开放型经济

① 王东京，王佳宁．“三变”改革的现实背景、核心要义与推广价值［J］．改革，2017（08）：5-15.

② 王珊珊．西藏城镇基础设施建设中 PPP 模式融资风险分担问题探究［J］．产业与科技论坛，2016（07）：117.

试验区融资风险评价指标体系；类别层主要涉及宏观层面风险和微观层面风险两方面；细化层是指依据类别层的两个方面进行的具体风险划分。宏观层面风险主要涉及政治风险、经济风险、不可抗力风险。政治风险，主要是针对国家政策变化对贵州基础设施融资引入外资影响的问题。现阶段贵州可以借助“一带一路”的开放机遇，在这一过程中为确保区域基础设施融资问题的妥善解决，必须时刻关注国家出台的相关法律法规变化以防范基础设施融资政治风险。经济风险，主要是指贵州内陆开放型经济试验区基础设施融资过程中利率、汇率的变动所造成的差价问题以及金融机构整合所带来的金融风险。关于不可抗力风险，本书侧重于考虑的是自然环境中气候变化和地质条件给区域基础设施建设带来的隐患。微观层面风险主要包括融资主体信用风险、管理风险、完工风险、运营风险（见表 6-1）①。今后，贵州内陆开放型经济试验区基础设施融资体制改革需要明确政府职能定位，强化企业的主体地位，允许民间资本参与到基础设施建设中。因此，各融资主体的信用问题是基础设施项目融资评价体系的重要组成部分。此外，基础设施融资问题不仅是指项目资金的简单筹集，还会涉及后期的基础设施项目投资、管理、完工以及运营等一系列问题。因此，在整个系统的基础设施融资及后续流程中，管理风险、完工风险、运营风险均需要进行重点考虑。

---

① 胡丽．基于PPP模式的城市基础设施融资风险识别研究［J］．甘肃社会科学，2011（01）：236-237.

表 6-1 贵州内陆开放型经济试验区基础设施融资风险评价指标体系

目标层	类别层	细化层
贵州内陆开放型经济试验区基础设施融资风险评价指标体系 A	宏观层面风险 B1	政治风险 C11
		经济风险 C12
		不可抗力风险 C13
	微观层面风险 B2	融资主体信用风险 C21
		管理风险 C22
		完工风险 C23
		运营风险 C24

二、控制基础设施融资宏观层面风险举措

通过对贵州内陆开放型经济试验区基础设施融资风险识别，可以清晰地了解融资隐患，把各类风险控制在合理范围内。此外，贵州基础设施融资涉及主体多元化的问题，应该就不同主体在基础设施融资过程中的作用进行合理的风险分担。从宏观层面的融资风险来看，主要可以通过以下两方面措施规避风险：一方面，制定与完善基础设施融资法律法规，贯彻落实各项相关政策。基础设施融资立法是贵州基础设施融资问题解决的保障，相关法律法规的制定应与时俱进、不断地优化以适应新时代背景下的基础设施融资问题的解决。从政治风险来看，贵州在吸引外企进行基础设施投资的过程中，国家政策的支持显得尤其重要。完善的法律法规不仅可以使企业放心地进行投资，同时可以保证贵州区域的利益。另一方面，推动金融体制改革，开放基础设施融资金融保险市场。贵州基础设施融资过程中经济风险涉及汇率与外汇的问题，积极地推动贵州金融体制改革，建立多元化金融机构体系，在充分发挥地方优势的同时，吸引外资投入基础设施建设。此外，金融保险在贵州基础设

施融资过程中具有很大的消费市场，可以补偿基础设施融资过程中汇率变动引发的损失。与此同时，随着中国国际影响力的逐步提升，人民币在外汇市场的地位也同步提升，在此机遇下，贵州可以利用各类金融及衍生工具对基础设施融资项目的经济风险进行规避。

三、控制基础设施融资微观层面风险举措

贵州内陆开放型经济试验区基础设施融资微观风险类别下融资主体的信用风险控制主要应从融资主体信用严格审查的角度进行考量。随着基础设施建设市场化的逐步转变和政策方面的大力扶持，基础设施建设开始以政府为主导，允许各类企业与民间资本的广泛参与。基础设施融资及后续投资建设过程作为不可分割的整体，对融资主体的信用有着较高的要求。基础设施融资项目主体的选定，应制定严格的信用审核标准，依据企业的历年财务状况和履约状态预测其违约的可能性。此外，还应设立合理的定价机制、合同机制以及严格的企业投资基础设施项目违约赔偿机制，在保证投资主体的利益的前提下，用制度威慑失信行为，从而把基础设施融资中融资主体的信用风险控制在合理范围之内。

贵州内陆开放型经济试验区基础设施融资微观风险类别下管理风险、完工风险以及运营风险的控制，需要各参与主体的分担和监管机制的约束。贵州内陆开放型经济试验区基础设施融资涉及多个责任主体，对于风险的防范应依据各主体的参与度进行合理的风险分担。基础设施融资风险的分担的衡量标准在于最大化的整体满意度，需要遵循几项基本原则：一是责任与能力相符原则。基础设施融资过程中不同的主体有着各自独特的作用，在风险分担过程中，一定要进行符合相应能力的匹

配。例如，相对于政府借助其强大的信用度擅长解决宏观层面的融资风险，企业更擅长通过严格的自律行为转移或规避微观层面的风险。二是风险分担适度与可控原则。风险的分担应该存在上限，各主体应保持主动分担融资风险的积极性。适度体现的是各主体利用自己有限的能力就能妥善地解决问题，可以预留出更多的资源进行其他方面的投资。可控是相对于不可抗力风险而言的，面对一些突发问题，各主体应事先商定防范措施，如购买保险等。三是具体情况具体分析与共同分担的原则。由于基础设施融资是一项系统、复杂的过程，因此会面对一些不能仅仅依靠单个主体化解的风险，需要共同分担此类风险①。在上述三项基础设施融资风险分担原则的指导下，应注重改革贵州内陆开放型经济试验区基础设施融资项目监管机制。基础设施投资企业应该完善公司内部的项目运行监管机制，定期核实基础设施项目的进度情况，实时防范基础设施项目建设过程中的突发问题。政府应致力于基础设施项目建设整个过程的透明化，保障地域人民的知情权、监督权，使得人民群众可以为当地基础设施融资问题的解决建言献策。

第五节　创新农村基础设施融资模式②

有效解决贵州农村基础设施融资困境，在“乡村振兴”战略的要求下显得尤为可贵。贵州农村基础设施建设融资是以政府财政资金为

① 王珊珊．西藏城镇基础设施建设中 PPP 模式融资风险分担问题探究［J］．产业与科技论坛，2016（07）：117.

② 李靖，李盼杰，孙芳等．乡村振兴背景下我国农村基础设施融资困境与对策研究［J］．贵州商学院学报，2018（04）：26-33.

主，金融机构贷款、村集体集资、社会资本和农户自我筹资为辅的融资模式。在这种融资模式下，贵州农村基础设施建设滞后，不能满足乡村振兴的需要。因此，在进一步加大政府资金投入和加强金融机构支持力度的同时，还需要增强村集体集资的效能，积极吸引社会资本进入贵州农村基础设施建设领域，创新贵州农村基础设施的融资渠道，增强贵州农户的自我筹资能力。

一、强化政府财政资金投入的引导作用

鉴于农村基础设施的正外部性，无论是国内还是国外，都需要各级地方政府承担主要建设任务。在贵州农村基础设施建设中，政府影响力非常巨大，无论是资金投放，还是发展规划，如果没有政府主导，想要顺利进行农村基础设施建设是根本不可能的。正如习近平总书记指出："开对了'药方子'，才能拔掉'穷根子'。"① 要解决贵州农村基础设施融资困境，就需要针对其开出正确的"药方子"，只有如此，贵州农村基础设施建设助力乡村振兴才能落到实处。所以，贵州各级政府必须加大农村基础设施建设，通过对资源的合理分配，发挥财政"指挥棒""撬动杆""吸铁石""药引子"的作用，四两拨千斤，为贵州实现乡村振兴创造新的条件。在乡村振兴过程中，贵州各级政府也需将有限的资金集中投入基础设施领域，让乡村具有自我再生能力②。为此，贵州各级政府应做好"整合""撬动""激活"三篇文章，合理划分各级

① 万鹏，谢磊．习近平谈消除贫困：开对了"药方子"才能拔掉"穷根子"［EB /OL］．(2017-06-27)［2018-05-13］．http：//cpc. people. com. cn/xuexi/n1/2017/0627/c385474-29364950. html.

② 刘润秋，黄志兵．实施乡村振兴战略的现实困境、政策误区及改革路径［J］．农村经济，2018（06）：6-10.

政府在农村基础设施融资中的责任。对于投资时间长、见效慢、效益不确定的纯公共物品性质的农村基础设施项目，政府更应该发挥主导作用，主动承担这类基础设施建设工作，把重点、难点都扛在肩上。对投资农村基础设施建设的资金进行监督，要让资金实实在在地用到农村基础设施的建设中。强化贵州各级政府在农村基础设施投资中的主体地位，强化政府财政资金的引导作用。同时，政府也需要强化政策指导，引导社会投资方向，拓宽融资渠道，借助 PPP、PFI、TOT、BOT 等模式吸引社会资本参与到贵州农村基础设施建设中，引领乡村全面振兴。

二、加大金融机构的支持力度

农村基础设施建设具有公益性、投资周期长、投资金额大的特点，村集体与农户很难负担得起所需资金。因此，金融机构贷款成了贵州农村基础设施建设资金来源的最主要渠道。要解决贵州农村基础设施融资困境，就需要拓宽金融机构支农领域，优化贵州农村基础设施融资生态环境，实现农村金融机构回归服务贵州农村基础设施建设的目的。为了更好地配合乡村振兴的战略，满足贵州农村基础设施建设资金的需要，中国农业发展银行应依托政府组织优势，着力解决“资金难”的问题。同时，也需要鼓励国家开发银行将开发性金融产品用于农村基础设施的投资。健全适合农业农村特点的农村金融体系，打造金融服务全覆盖格局，以便突破“贷款难”和抵押贷款的瓶颈。贵州农村基础设施建设融资的全过程都要精准，有的需要下一番“绣花”功夫①，发挥出金融支持的巨大作用，推进农村的基础设施建设融资。政府可以运用多种手段改善农村地区的投资环境，突出信贷投放重点，加大农户小额信用贷款的投放力度，优先保证“三农”的信贷需求②，在鼓励金融机构把扶持贵州农村基础设施建设作为发展农村经济重点的同时，加大信贷支农，对信用好的农民放宽、简化贷款手续，发挥出金融支持的潜在作用，引导更多金融资源支持贵州乡村振兴。另外，解决贵州农村基础设施融资困境，也需要完善金融机构基础设施建设，提升农村金融的服务水平，努力实现“地域有差别、服务无差异”的城乡金融服务均等化。要积极鼓励农村信用社、邮政储蓄银行等金融机构为贵州农村基础设施建设搭建融资平台，在贵州乡村振兴的基础设施长期信贷方面发挥其应有的作用。引导农民专业合作社规范开展信用合作，为金融网点空白的村镇添置各类银行的具备语音或指纹识别提示功能的 ATM 自动存取款终端设备，方便农民现金存取、转账等交易，将“融资、融智、融商、融通”的综合金融服务贯穿于“乡村振兴战略行动计划”金融服务全过程，更好地发挥金融机构在贵州乡村振兴中的作用。同时，还需要建立多种灵活针对农村基础设施融资特点的保障措施，通过设立适合贵州农村基础设施融资贷款的信用担保机构，进一步转移或分担金融机构贷款的部分风险，以此提高金融机构对贵州农村基础设施建设投资的积极性。此外，还需要充分发挥农村金融机构在贵州农村金融市场

---

① 新华社．习近平李克强张德江俞正声刘云山张高丽分别参加全国人大会议一些代表团审议［N］．人民日报，2017-03-09.

② 叶国全．对金融机构支持新农村建设情况的调查与思考——以江西龙南县为例［J］．企业经济，2008（10）：180-182.

上的作用，通过对贵州农村基础设施项目建设的贷款、发行债券等方式助力基础设施的融资，吸引更多社会资本参与到贵州农村基础设施建设中来。

三、增强村集体集资的效能

农村居民是农村的主人，贵州乡村振兴的一切都与他们息息相关，建设好农村基础设施离不开农民的积极参与。但是要想让村集体和农民对当地基础设施进行投资建设，必须让村集体和农村居民有一定的经济基础，当地政府要发挥其引导作用。村集体的经济实力决定了农村基础设施建设融资规模，要增强村集体集资的效能，就需要引导发展一些比较有特色的产业，在条件允许的情况下，也可以发展一些农村集体企业。这样既能增强农村的经济实力，又能够确保农村有一定的经济基础作为基础设施建设的保障。要绘就一幅幅“乡村振兴春景图”，不仅需要政府的努力，村集体也应该积极投入到贵州农村基础设施建设中。调动贵州农村居民投资的积极性，使贵州农村基础设施建设焕发出勃勃生机。农村居民作为直接受益者，必须明确各自应该承担的责任与义务，也需要了解清楚各自应该拥有的权益，然后在政府的引导下，有条不紊地推进贵州农村基础设施建设。此外，还要增强村集体集资的效能，不断地创新村集体筹资方式，通过设立村集体经济建设活动基金投资用于村集体经济建设的项目，以此来解决贵州农村基础设施融资不足的问题，从而真正把实施乡村振兴战略摆在优先位置，把贵州农村基础设施建设融资问题的解决落到实处。

四、创新社会资本的投资渠道

贵州乡村振兴战略的实施离不开社会资本的参与，基础设施建设离不开社会资本的投入。贵州农村基础设施融资日渐成为“一个商机，而非包袱”，逐渐吸引着越来越多的社会资本进入农村基础设施建设领域。贵州一些农村基础设施项目（如电力、道路）虽然建设难度大，但是由于国家实施乡村振兴战略，在政府的引导下，社会资本在助力贵州乡村振兴的实践中逐步发展壮大。一些自来水、通信等项目具有完全的收益性，可销售性比较高，可以用市场化的融资方式来吸引社会资本参与。对于一些投资比较大、周期比较长、收益比较小的农村基础设施建设项目，要尽可能地引进社会资本，政府可以在政策上给予一定的优惠和补贴，或者采用政府部门与社会资本共同投资 PPP 模式进行运营，既可以有效地缓解农村基础设施建设资金不足的问题，也可以推动社会资本更多地投向农村基础设施领域。另外，在政府制定的约束框架下，政府需要创新社会资本的投资渠道，加快制定社会资本参与贵州乡村振兴的指导意见，不断引导社会资本参与贵州农村基础设施投资，在明确政策边界和法律边界中确定社会资本参与贵州农村基础设施融资的范围，让社会资本在贵州乡村振兴的舞台上大有作为，从而源源不断地为贵州基础设施建设提供内生的活力。此外，通过“资本下乡”让社会资本参与贵州农村电力通信、自来水、煤气等具有规模效应的农村自然垄断类基础设施建设，解放和发展农村生产力。社会资本只有拥有创新的融资渠道，实现融资渠道畅通，有效地参与通过政府特许经营、政府购买等方式提供的新建农村基础设施，基础设施建设实现资本加快增值，助力乡村振兴。另外，创新社会资本的融资渠道，也需要明确贵州农村基础设施融资中社会资本的权利和义务，政府要加强监管和约束社会资本在农村基础设施融资中的违约行为，从而促进融资渠道的市场化和多元化。

（五）增强农户的自我筹资能力

农户是贵州农村基础设施建设的直接受益者，是表达贵州农村基础设施需求的主体，也是乡村振兴的主力军。贵州农村基础设施的融资自然离不开农户的主动加入。农户在其经济承受范围内有义务承担农村基础设施的融资任务，这也是新时代实施乡村振兴战略的重要要求。因此，要充分尊重农户的主体地位，调动农户参与贵州振兴乡村的主动性与创造性，发挥其在贵州农村基础设施融资决策方面的积极作用，坚持把国家支持和农户投工投劳有机结合起来，完善“一事一议”制度，为农户自我筹资创造良好的环境①。同时也要积极鼓励农户自主筹资筹劳开展村内基础设施建设，合理确定筹资筹劳限额，真正地在贵州农村基础设施建设中实现“让农业成为有奔头的产业，让农民成为有吸引力的职业，让农村成为安居乐业的美丽家园”的美好图景。另外，也需要完善村民自治制度，发挥农户在贵州农村基础设施投资与管护过程中的作用②。农户是农村基础设施中的服务对象，是最了解农村当地的各种情况和条件的主体，利用这样的优势充分发挥农户在贵州基础设施建设与管理上的主体作用，可以减少基础设施建设中信息不对称带来的

① 李靖．我国农村基础设施投资主体多元化研究［J］．兰州商学院学报，2010（06）：121-126.

② 曲一歌．创新投融资体制机制 补齐农村基础设施短板［N］．中国经济导报，2017-03-03.

一些问题，降低基础设施建设的风险。农户通过投工投劳参与基础设施建设，也能够聚合农村各方智慧与力量，推进农村基础设施建设，通过农户自我筹资能力的不断增强，助力贵州乡村振兴、推进乡村发展，从而最终推动老百姓的小康梦一步一步地变成现实。尝试在不加重农民负担的前提下推进乡村振兴，根据贵州农村基础设施的性质和受益范围，探讨采取如股份合作制的筹资形式，鼓励农户进入农村基础设施建设领域，通过农户自我筹资推动农村基础设施建设，更好地发挥农户在乡村振兴中的作用。

解决贵州“三农”的关键问题——农村基础设施建设的融资问题，需要通过政府部门引导，村集体、农户家庭、企业等力量的共同努力，让市场来选择投资者，让投资者来选择投资对象，让投资对象反作用于市场，共建共享共创农村基础设施，从而在乡村振兴的背景下，推动贵州农村基础设施融资渠道的多元化。

总之，在内陆开放背景下，贵州作为西部欠发达地区，应借助政策优势全方位发展开放型经济、打造西部地区建设新高地。在充分把握内陆开放要义的基础上，另辟蹊径、与时俱进、弥补短板①。当前，基础设施融资作为贵州内陆开放型经济建设过程中突出的发展问题，必须得到妥善处理，从而为贵州内陆开放型经济试验区展开更高层次的开放发展提供强有力的支撑。

---

① 刘建江，蒋丽霞．内陆省份开放型经济发展短板及对策［J］．求索，2016（02）：97-101.

参考文献

一、中文专著

[1] 陈朝伦. 贵州经济形势分析研究报告［M］. 贵阳：贵州人民出版社，2019.

[2] 蒋洪. 公共经济学（财政学）［M］. 上海：上海财经大学出版社，2006.

[3] 毛晓威. 1994 年世界发展报告［M］. 北京：中国财政经济出版社，1994.

[4] 攀勇明，杜莉清. 公共经济学［M］. 上海：复旦大学出版社，2001.

[5] 唐建新，杨军. 基础设施与经济发展：理论与政策［M］. 武汉：武汉大学出版社，2003.

[6] 余池明. 城市基础设施投融资［M］. 北京：中国计划出版社，2004.

[7] 杨志勇，张馨. 公共经济学［M］. 北京：清华大学出版社，2013.

[8] 中共中央文献研究室编.《邓小平年谱》（下）［M］. 北京：中央文献出版社，2004.

二、学位论文

[1] 陈骥. 地方政府融资平台退出机制法律问题研究［D］. 上海：上海师范大学，2015.

[2] 陈志武. 浏阳制造业工业园区基础设施融资模式的诊断与优化设计[D]. 长沙：中南大学，2006.
[3] 代登伟. 丽江市金山高新技术产业经济区基础设施融资研究［D］. 昆明：云南大学，2015.
[4] 董文超. 我国农村基础设施融资问题研究［D］. 兰州：兰州交通大学，2015.
[5] 李波. 贵州省地方政府融资平台可持续发展研究［D］. 贵阳：贵州大学，2015.
[6] 李晓丽. 宁夏内陆开放型经济试验区可持续发展对策研究［D］. 银川：宁夏大学，2016.
[7] 刘家聪. 基础设施项目利用信托融资的模式研究［D］. 北京：北京交通大学，2009.
[8] 刘沛云. 重庆市基础设施建设投融资实践探索与机制优化［D］. 重庆：重庆大学，2016.
[9] 刘旭明. 天津市绿化项目融资模式研究［D］. 天津：天津大学，2008.
[10] 潘胜强. 城市基础设施建设投融资管理及其绩效评价［D］. 长沙：湖南大学，2007.
[11] 彭清辉. 我国基础设施投融资研究［D］. 长沙：湖南大学，2011.
[12] 史洋. 地方政府融资平台债务管理研究——以贵安新区开投公司为例［D］. 贵阳：贵州财经大学，2017.
[13] 谢玲. 中国基础设施投融资体制改革研究［D］. 武汉：武汉大学，2005.
[14] 许可. 贵州省城镇化建设投融资效率研究［D］. 贵阳：贵州财经大学，2017.

[15] 闫朝阳. 贵州内陆开放型经济发展路径研究 [D]. 贵阳：贵州财经大学，2018.

[16] 杨睿. 宁夏建设内陆开放型经济试验区探析 [D]. 银川：宁夏大学，2017.

[17] 杨中华. 国家级新区基础设施融资研究——以珠海横琴为例 [D]. 广州：华南理工大学，2016.

[18] 张玲. 城市基础设施建设与区域经济发展研究 [D]. 大连：东北财经大学，2006.

[19] 周维. 贵州省金融发展与经济增长关系的实证研究 [D]. 贵阳：贵州大学，2015.

[20] 邹慧宁. 城市基础设施建设投融资模式创新研究 [D]. 武汉：武汉理工大学，2011.

三、期刊文章

[1] 卞志村，束姝妹. 发展直接融资服务国家战略 [J]. 中国金融，2017 (21)：91-92.

[2] 蔡宇飞. BOT、PPP 与 ABS 三种融资模式的比较探析 [J]. 企业导报，2010 (01)：166-167.

[3] 陈慧芝. 我国农村基础设施建设项目融资问题研究 [J]. 财经问题研究，2015 (S1)：24-27.

[4] 陈文科，林后春. 农业基础设施与可持续发展 [J]. 中国农村观察，2000 (01)：9-21.

[5] 陈寅雅. 贵州城镇化战略分析 [J]. 现代商贸工业，2018 (21)：12-14.

[6] 陈雨露. 中国新型城镇化建设中的金融支持 [J]. 经济研究，2013

(02): 10-12.

[7] 陈越峰. 关键信息基础设施保护的合作治理 [J]. 法学研究, 2018 (06): 175-193.

[8] 邓靖. 国外市政债券融资的经验及启示 [J]. 中国财政, 2015 (05): 72-74.

[9] 丁学海. 论政府融资平台贷款的风险及防控措施 [J]. 市场周刊, 2009 (09): 5-7.

[10] 范必, 郭濂, 杜帅, 等. 利用 PPP 模式优化地方政府债务结构和管理——美国基础设施投融资 PPP 模式的做法与借鉴 [J]. 开发性金融研究, 2015 (04): 44-47.

[11] 范鹏辉, 张威, 顾学明. 贵州内陆开放型经济建设新思考 [J]. 中国外资, 2013 (21): 58-61.

[12] 范欣, 宋冬林, 赵新宇. 基础设施建设打破了国内市场分割吗? [J]. 经济研究, 2017 (02): 20-34.

[13] 封北麟. 我国城镇化进程中的基础设施融资 [J]. 经济研究参考, 2013 (13): 40-53.

[14] 付传明. 中国地方政府融资存在的问题及对策分析 [J]. 经济研究导刊, 2013 (10): 29-30.

[15] 高希红. 基础设施投融资模式国际经验及借鉴 [J]. 合作经济与科技, 2014 (18): 76-77.

[16] 高秀丽. 对西部城市基础设施建设市场化融资的思考 [J]. 全国商情(经济理论研究), 2006 (06): 21-23.

[17] 桂丽, 张广斌, 白少云. 云南基础设施 BOT 融资方式探析 [J]. 云南财经大学学报(社会科学版), 2003 (05): 63-65.

[18] 郭广珍，刘瑞国，黄宗晔．交通基础设施影响消费的经济增长模型［J］．经济研究，2019（03）：166-180.

[19] 郭威，王丹．基于 PPP 模式的公共服务完善：作用、障碍与路径［J］．华东师范大学（哲学社会科学版），2018（06）：127-132.

[20] 国家发改委宏观经济研究院课题组．中国加速转型期的若干发展问题研究（总报告）［J］．经济研究参考，2004（16）：2-48.

[21] 韩庆祥，陈曙光．中国特色社会主义新时代的理论阐释［J］．中国社会科学，2018（01）：5-16.

[22] 韩震．改革开放的历史变迁与理论变革［J］．中国社会科学，2018（11）：104-113.

[23] 何莹．新常态下五大发展理念与中国道路的新探索［J］．哈尔滨学院学报，2017（05）：19-22.

[24] 洪银兴，刘伟，高培勇，等．"习近平新时代中国特色社会主义经济思想"笔谈［J］．中国社会科学，2018（09）：4-73，204-205.

[25] 胡海峰，陈世金．创新融资模式 化解新型城镇化融资困境［J］．经济学动态，2014（07）：57-69.

[26] 胡丽．基于 PPP 模式的城市基础设施融资风险识别研究［J］．甘肃社会科学，2011（01）：236-237.

[27] 胡梅梅，康丽文．"两型"社会基础设施的可持续融资机制研究［J］．金融经济，2014（08）：106-107.

[28] 黄华珍．私募股权投资基金在 PPP 项目中的应用研究［J］．建筑经济，2016（04）：30-33.

[29] 黄鑫．基础设施债券融资的国际经验［J］．金融市场研究，2015（01）：73-78.

[30] 黄永红. 固定资产投资项目经济效益与社会效益分析 [J]. 中外企业家，2014（13）：54-55.

[31] 黄志勇. 中国沿边开放新阶段新特征及广西沿边开放新站位 [J]. 东南亚纵横，2015（01）：63-71.

[32] 贾康，李炜光，刘军民. 关于发展中国地方政府公债融资的研究 [J]. 经济社会体制比较，2002（05）：38-45.

[33] 中国建设银行甘肃省分行课题组. 甘肃省基础设施发展投融资战略 [J]. 西部论丛，2002（03）：44-48.

[34] 江飞涛. 十三五基础设施建设投资展望与建议 [J]. 中国经贸导刊，2016（02）：46-48.

[35] 金春. 产能过剩的政府干预及治理研究 [J]. 河北学刊，2018（05）：218-223.

[36] 荆林波，马源，冯永晟，等. ICT 基础设施：投资方式与最优政策工具 [J]. 经济研究，2013（05）：47-60.

[37] 匡远配，曾福生. 农村基础设施建设的投资模式选择 [J]. 兰州学刊，2009（02）：127-132.

[38] 乐云，徐进英，白居. 制度变迁视角下重大基础设施投融资模式演进 [J]. 同济大学学报（自然科学版），2016（08）：1272-1279.

[39] 李成刚，王月月. 贵州省城镇化融资困境与对策研究 [J]. 贵阳学院学报，2015（06）：109-112.

[40] 李辉，郭继秋，姚雪. 基础设施融资理论文献评析 [J]. 情报科学，2010（05）：768-770.

[41] 李建华. 我国城市基础设施投融资研究文献综述 [J]. 技术经济与管理研究，2015（09）：114-117.

[42] 李靖，李盼杰. 新时代基础设施融资的国际经验及启示［J］. 贵阳市委党校学报，2018（03）：36-41.

[43] 李靖，李盼杰，孙芳，等. 乡村振兴背景下我国农村基础设施融资困境与对策研究［J］. 贵州商学院学报，2018（04）：26-33.

[44] 李善同，吴三忙，何建武. “十三五”时期中国经济社会发展面临的环境与发展新要求［J］. 北京理工大学学报，2015（04）：1-8.

[45] 李世刚，曹玉瑾. 金融支持城镇化发展的国际经验及对我国的启示［J］. 中国物价，2017（04）：62-64.

[46] 李伟舵. PPP 模式下的基础设施建设投融资存在的问题与对策［J］. 决策与信息旬刊，2015（05）：34-35.

[47] 李侠. 地方政府融资平台的风险成因与规范建设［J］. 经济问题探索，2010（02）：162-167.

[48] 李妍，李健. 国外基础设施融资方式对河北省的启示［J］. 北方经贸，2014（11）：75-76.

[49] 林豆豆. 城市水资源基础设施建设及 PPP 融资商业模型设计［J］. 中国资源综合利用，2017（04）：98-103.

[50] 林后春. 农业基础设施的供给与需求［J］. 中国社会科学，1995（04）：54-64.

[51] 林巧娟. 水利工程创新水利融资体制与运行机制研究［J］. 珠江水运，2018（13）：102-103.

[52] 刘春杰，付强. 国内外城市基础设施融资经验借鉴［J］. 浙江经济，2005（10）：25-27.

[53] 刘家伟. 我国农村基础设施投融资模式研究［J］. 中央财经大学学报，2006（05）：52-56.

[54] 刘建江，蒋丽霞. 内陆省份开放型经济发展短板及对策 [J]. 求索，2016 (02)：97-101.

[55] 刘勉，黄娅妮. 基于萨缪尔森经典定义对公共物品定义的研究 [J]. 中国市场，2010 (49)：141-142.

[56] 刘尚希. "十三五" 时期财政金融有效支持实体经济的对策研究 [J]. 经济研究参考，2015 (26)：4.

[57] 刘孝敏. 我国城市基础设施投融资结构优化分析 [J]. 中国乡镇企业会计，2012 (04)：67-68

[58] 刘元春，刘晓光，闫衍. 2018—2019 年中国宏观经济报告——改革开放新征程中的中国宏观经济 [J]. 经济理论与经济管理，2019 (01)：4-26.

[59] 卢启伦. 招商引资是实现贵州经济社会发展历史性跨越的必然选择 [J]. 理论与当代，2019 (11)：8.

[60] 鲁耀纯. 地方政府融资平台公司科学运行研究——以贵州铜仁为例 [J]. 知行铜仁，2015 (01)：43-45.

[61] 罗小明. 关于金融助推内陆开放的思考 [J]. 国际金融，2012 (10)：8-13.

[62] 马静霞，李靖. 内陆开放背景下贵州基础设施融资存在的问题与对策研究 [J]. 贵州商学院学报，2019 (02)：27-34.

[63] 牟放. 论我国实施 PFI 项目融资模式的制度安排 [J]. 中央财经大学学报，2009 (06)：70-73.

[64] 聂凤云. 地方政府融资平台研究综述 [J]. 内蒙古财经学院学报，2012 (06)：47-51.

[65] 裴长洪，刘洪愧. 习近平新时代对外开放思想的经济学分析 [J]. 经

济研究，2018（02）：4-19.

[66] 裴长洪. 中国特色开放型经济理论研究纲要［J］. 经济研究，2016（04）：14-29，46.

[67] 沈坤荣，金刚. 中国经济增长四十年的动力：地方政府行为的视角［J］. 经济研究参考，2019（02）：102-113.

[68] 施建军，夏传信，赵青霞，等. 中国开放型经济面临的挑战与创新［J］. 管理世界，2018（12）：13-18.

[69] 石勇. 大数据与"一带一路"战略［J］. 行政管理改革，2016（09）：46-50.

[70] 宋延清，王选华. 公共选择理论文献综述［J］. 商业时代，2009（35）：14-16.

[71] 宋彦，张纯，刘志丹，等. 美国公共基础设施实施保障的经验及借鉴——深圳南山区案例的评估与反思［J］. 国际城市规划，2014（3）：97-102.

[72] 孙荣霞，王松江. 公共基础设施 BOT/TOT/PPP 项目环境影响评价［J］. 生产力研究，2009（23）：83-86.

[73] 谭志雄. 中国内陆开放高地建设探索——以重庆市为例［J］. 经济问题探索，2011（10）：43-47.

[74] 陶一桃. 从沿海开放到沿边开放——开放拓展战略的意义及喀什经济特区发展应该注意的几个问题［J］. 深圳大学学报（人文社会科学版），2013（01）：88-93.

[75] 天津市经济发展研究所课题组. 浅谈天津新型城镇化投融资机制创新的对策建议［J］. 天津经济，2014（09）：5-8.

[76] 王超，程继明. 三峡工程开创"资本治水"时代［J］. 投资与合作，

2003（08）：16-18.

[77] 王东京，王佳宁．“三变”改革的现实背景、核心要义与推广价值[J]．改革，2017（08）：5-15.

[78] 王骏．论内陆开放模式创新的指向[J]．西南大学学报，2014（02）：68-76.

[79] 王前进，王希群，陆诗雷，等．生态补偿的经济学理论基础及中国的实践[J]．林业经济，2019（01）：3-23.

[80] 王儒林．破解金融发展难题，构建多层次资本市场体系[J]．经济纵横，2010（05）：1-4.

[81] 王珊珊．西藏城镇基础设施建设中PPP模式融资风险分担问题探究[J]．产业与科技论坛，2016（07）：117.

[82] 王同军．聚焦“交通强国、铁路先行”奋力开创新时代铁路建设高质量发展新局面——在中国铁路总公司铁路建设工作会议上的讲话（摘要）[J]．中国铁路，2018（02）：14-24.

[83] 王秀云．城市基础设施投融资体制改革的国际经验及对我国的启示[J]．中国城市经济，2007（06）：80-83.

[84] 王学荣．中国城乡二元结构分析：从历史到现实[J]．学术问题研究，2015（01）：30-34.

[85] 翁燕珍，王利彬．投融资体制改革对交通基础设施领域的影响——解读《关于深化投融资体制改革的意见》[J]．中国公路，2016（17）：56-61.

[86] 谢世清．城市基础设施的投融资体制创新：“重庆模式”[J]．国际经济评论，2009（04）：59-63.

[87] 杨朝华，彭江，赵卫敏，等．创新新疆基础设施投融资机制的发展

思路研究［J］. 金融发展评论，2016（06）：89-100.
［88］杨典，欧阳璇宇. 金融资本主义的崛起及其影响——对资本主义新形态的社会学分析［J］. 中国社会科学，2018（12）：110-133.
［89］易其国. 贵州省低碳经济发展现状分析［J］. 当代经济，2017（33）：48.
［90］尤永波. 浅析天津市基础设施投融资体制改革［J］. 天津经济，2009（12）：21-23.
［91］余池明. 项目区分理论与城市基础设施投资体制改革［J］. 城乡建设，2001（12）：44-45.
［92］岳宇君，胡汉辉. 国外城市 ICT 基础设施投融资机制及其对我国的启示［J］. 经济问题探索，2017（01）：38-43.
［93］岳振. 招商引资逆势而上助力经济增长——访贵州省投资促进局局长季泓［J］. 当代贵州，2015（24）：20.
［94］张广婷. 不确定的世界经济：新变局、新风险、新机遇——2019 年世界经济分析报告［J］. 世界经济研究，2019（01）：3-17，135.
［95］张桂玲. PPP 模式在农村基础设施建设中的应用研究［J］. 中国农业会计，2014（08）：8-9.
［96］张浩良. 英国投融资体制政策要点及对我国的启示［J］. 海南金融，2016（07）：38-42.
［97］张慧远，郝海广，翟瑞雪，等. “十三五”时期国家生态安全的若干问题与对策［J］. 环境保护，2017（01）：25-30.
［98］张健. 布坎南与公共选择理论［J］. 经济科学，1991（02）：70.
［99］张洁. 美国农业基础设施融资问题及启示［J］. 世界农业，2016（01）：167-171.

[100] 张俊莉. “一带一路”背景下内陆开放型经济制度创新 [J]. 人民论坛，2015 (35)：68-70.

[101] 张敏娜，陆卫明，王军. 农村“三变”改革的“中国特色社会主义政治经济学”意义 [J]. 西北农林科技大学学报（社会科学版），2019 (01)：137-145.

[102] 张琦. 公共物品理论的分歧与融合 [J]. 经济学动态，2015 (11)：147-157.

[103] 张新平，胡西武. 扩大内陆开放形势下民族地区发展开放型经济的路径选择——以湖北省恩施州为例 [J]. 湖北民族学院学报，2014 (06)：53-56.

[104] 张新泽. 当前我国的融资收缩及应对政策 [J]. 中国社会科学，2001 (01)：70.

[105] 张兴国，王智勇. 城市基础设施建设投融资体制改革与创新——以昆明为例 [J]. 时代金融，2010 (12)：55-57.

[106] 张学良. 中国交通基础设施促进了区域经济增长吗——兼论交通基础设施的空间溢出效应 [J]. 中国社会科学，2012 (03)：60-77.

[107] 张宇燕. 中国对外开放的理念、进程与逻辑 [J]. 中国社会科学，2018 (11)：30-41.

[108] 张作云. 国际金融和经济危机与国际关系的调整 [J]. 河北经贸大学学报，2014 (02)：13-23.

[109] 郑俊敏. 后金融危机时代我国环保投融资环境分析 [J]. 当代经济，2013 (21)：76-77.

[110] 郑星，刘明显. 金融支持贵州新型城镇化建设的实证分析 [J]. 当代经济，2018 (10)：87-90.

[111] 周好甲. PPP 发展的国际经验［J］. 中国金融，2016（04）：79-81.

[112] 周若青. 贵州金融可持续发展研究［J］. 时代金融，2015（08）：38-39.

四、报纸文章

[1] 城市基础设施投融资的国际经验——刘志博士在上海财经大学的演讲［N］. 解放日报，2014-05-24.

[2] 高守应. 从“秀水五股”看产业帮扶脱贫新路径［N］. 贵州日报，2017-03-29.

[3] 顾阳. 以高质量投资推动区域高质量发展［N］. 经济日报，2018-09-24.

[4] 廖志坤. 实现理论成果的“三个转化”［N］. 光明日报，2013-09-15.

[5] 刘力维. 贵州省举行铁路项目招商引资大会暨签约仪式［N］. 贵州日报，2016-07-19.

[6] 刘韬. 贵州农村“三变”改革经验又一次写入中央文件［N］. 贵州日报，2018-08-05.

[7] 刘志强. 贵州大数据：从招商“引资”到招商“引智”［N］. 科技日报，2016-03-02.

[8] 聂毅. 构建“九大体系”打造交通强国西部试点 贵州交通开启新征程［N］. 贵州日报，2018-02-05.

[9] 聂毅. 贵州交通迈步新征程开启新篇章［N］. 贵州日报，2018-03-07.

[10] 潘建，王吟. 蒙启良：加快民族地区基础设施建设 推动贵州经济社会快速发展［N］. 贵州政协报，2018-03-09.

[11] 齐健. 贵州立体交通引领经济跨越发展 [N]. 经济参考报，2014-11-26.
[12] 汤婷婷. 贵州万亿资金投向交通基建 [N]. 经济信息时报，2015-08-28.
[13] 田洋. 国务院决定在贵安新区建设绿色金融改革创新试验区 [N]. 贵州日报，2017-06-17.
[14] 王安宏. 2018 年贵州铜仁 · 河南郑州招商引资推介会暨项目签约仪式在郑州举行 [N]. 铜仁日报，2018-4-18.
[15] 王斌. 甘肃签 20 个基础设施 PPP 项目融资超 740 亿元 [N]. 中国经济导报，2017-06-21.
[16] 王静. 八年近万亿贵州交通基建投资创历史峰值 [N]. 21 世纪经济报道，2015-08-13.
[17] 王璐瑶. 信息基础设施建设酣战正浓——贵州先行试验夯实大数据产业基石 [N]. 贵州日报，2015-11-11.
[18] 王庭荣. 建成全光网省 推动“数字贵州”建设 [N]. 人民邮电，2018-02-08.
[19] 吴承坤. 贵州：全国重要能源基地作用日益凸显 [N]. 中国经济导报，2015-02-03.
[20] 张颖涛，吴承坤. 为各类投资主体创新创业提供广阔发展空间——就简政放权专访贵州省发展改革委主要负责人 [N]. 中国经济导报，2015-08-07.
[21] 吴海军. 中国进出口银行五年投放贷款超 220 亿元 [N]. 贵州日报，2017-06-01.
[22] 吴红缨. 重庆国资拟启动 6 项改革试点 基础设施投融资转向 PPP 模式 [N]. 21 世纪经济报道，2015-02-05.

[23] 杨静. 项目引进持续增长 招大引强卓有成效——2017 上半年贵州招商引资运行态势分析 [N]. 贵州日报，2017-07-31.

[24] 杨喆. 贵州省启动信息基础设施建设三年会战 [N]. 人民邮电，2014-12-05.

[25] 郑明辉. 深化多领域战略合作 [N]. 经济日报，2017-12-28.

五、电子文献

[1] "十三五" 交通运输总投资将达 15 万亿，公路占比过半 [EB/OL]. (2017-02-28) [2018-05-09]. http://www.chinahighway.com/news/2017/1090022.php.

[2] "十三五" 时期环境保护面临八大挑战 [EB/OL]. (2015-09-15) [2018-05-12]. http://huanbao.bjx.com.cn/news/20150915/663431.shtml.

[3] "一带一路" 国家倡议下的贵州机遇 [EB/OL]. (2017-07-12) [2018-08-09]. http://www.sohu.com/a/156706660_165665.

[4] 2017—2021 中国环保产业发展前景与投资预测分析报告 [EB/OL]. (2017-08-07) [2018-05-12]. https://www.toutiao.com/a6451013771149951245/.

[5] 《甘肃省公路工程项目实施 BOT 方式管理办法》近期发布 [EB/OL]. (2012-11-12) [2018-10-01]. https://m.huoche.net/show_139909/.

[6] 2017 年贵州省财政收支情况 [EB/OL]. (2018-01-22) [2018-05-12]. http://www.gzgov.gov.cn/xwdt/dt_22/bm/201801/t20180122_1091405.html.

[7] PPP 融资模式及其与其他融资模式如 BOT、ABS、TOT 的比较 [EB/OL]. (2015-09-19) [2018-08-09]. http://www.360doc.com/content/

15/0919/21/19950532_500172494. shtml.
[8] 城镇化过程中的基础设施融资需要改革创新［EB/OL］.（2013-12-04）［2018-05-12］. http：//www. ccud. org. cn/2013-12-04/113648529. html.
[9] 地方政府基础设施建设融资平台评级中需重点关注的几个主要内容［EB/OL］.（2010-08-18）［2018-08-09］. https：//wenku. baidu. com/view/7d76762de2bd960590c6779f. html.
[10] 疯狂的贵州债务，我国债券违约现状全揭秘［EB/OL］.（2017-10-30）［2018-05-12］. https：//www. sohu. com/a/201132052_465338.
[11] 关于印发杭州市智能制造产业发展“十三五”规划的通知［EB/OL］.（2017-05-09）［2018-05-09］. http：//www. hangzhou. gov. cn/art/2017/5/9/art_1256297_7881512. html.
[12] 贵州：2018 年全省城镇化率预计达 47.5%［EB/OL］.（2018-12-28）［2019-03-07］. http：//gz. people. com. cn/GB/n2/2018/1228/c194827-32464999. html.
[13] 贵州：破解基础设施融资瓶颈 打通乡村“致富路”［EB/OL］.（2017-03-14）［2018-08-09］. http：//www. financialnews. com. cn/qy/qyjj/201703/t20170314_114273. html.
[14] 贵州开放型经济建设成效显著 五大亮点引领［EB/OL］.（2018-09-10）［2018-09-14］. http：//www. chinanews. com/cj/2018/09-10/8623711. shtml.
[15] 贵州省 2017 年财政支持普惠金融发展工作总结［EB/OL］.（2013-12-04）［2018-05-12］. http：//jrs. mof. gov. cn/zxzyzf/phjrfzzxzj/201802/t20180206_2806154. html.
[16] 贵州省财政厅．贵州省 2017 年全省和省本级预算执行情况与 2018 年

全省和省本级预算草案的报 [EB/OL]. (2018-01-26) [2018-05-12]. http://www.gzgov.gov.cn/ztzl/gzsczzjxxgkzl_1794/gzssbjczysjsgjf/201802/t20180222_1098659.html.

[17] 贵州省金融运行报告 [EB/OL]. (2017-08-29) [2018-08-12]. http://www.docin.com/p-2125639812.html.

[18] 贵州省人民政府办公厅．省人民政府办公厅关于印发贵州省推进普惠金融发展实施方案（2016—2020年）的通知 [EB/OL]. (2018-01-12) [2018-05-12]. http://www.guizhou.gov.cn/xwdt/djfb/201801/t20180112_1090337.html.

[19] 郭倩．习近平引经据典谈改革 [EB/OL]. (2018-10-10) [2018-10-11]. http://news.youth.cn/sz/201810/t20181010_11750484.htm.

[20] 国务院办公厅关于创新农村基础设施投融资体制机制的指导意见〔2017〕17号 [EB/OL]. (2017-02-17) [2018-06-09]. http://www.gov.cn/zhengce/content/2017-02/17/content_5168733.htm.

[21] 国务院发布《"十三五"现代综合交通运体系发展规划》[EB/OL]. (2017-03-01) [2018-05-09]. http://www.mot.gov.cn/zhuanti/shisanwujtysfzgh/guihuawenjian/201703/t20170301_2170528.html.

[22] 江苏省"十三五"信息基础设施建设发展规划 [EB/OL]. (2017-02-10) [2018-05-09]. http://www.itdanshu.com/article/2017-2-10/article197_1170.html.

[23] 李娟．国务院批复设立的"内陆开放型经济试验区"给贵州带来了什么? [EB/OL]. (2018-09-20) [2019-03-09]. http://www.ddcpc.cn/index.php? m=content&c=index&a=show&catid=400&id=69843.

[24] 刘兰．贵州省城镇化战略的思考 [EB/OL]. (2013-03-05) [2018-10-

07]. https://wenku.baidu.com/view/b9bbbbe0998fcc22bcd10da6.html.

[25] 南宁山．从 2017 年中国月入过万人数暴增说起 [EB/OL]. (2017-09-01) [2018-08-09]. http://www.sohu.com/a/191276757_159579.

[26] 任远．城镇化发展需要基础设施建设的支撑 [EB/OL]. (2017-10-31) [2018-10-09]. https://wenku.baidu.com/view/d4490161b207e87101f69e3143323968011cf4dc.html.

[27] 天津市滨海新区建设投资集团有限公司 2012 年度第一期中期票据发行公告 [EB/OL]. (2012-11-27) [2018-10-01]. http://www.chinabond.com.cn/cb/cn/sy/fxxtfx/list.shtml.

[28] 天津市人民政府办公厅关于加快我市融资租赁业发展的实施意见 [EB/OL]. (2018-01-24) [2018-10-01]. https://zm10.sm-tc.cn/.

[29] 天津市召开 2012 年建设项目融资推介会 [EB/OL]. (2012-06-05) [2018-10-01]. https://3g.163.com/news/article/838TC6RV00014JB6.HTML? from=dynamic.

[30] 为黔山秀水铸牢守护根基——贵州省投资千亿建设环保基础设施促进环境改善 [EB/OL]. (2018-07-15) [2018-08-12]. http://www.huanbaojs.com/xinwen/hbxw/2018-07-15/55789.html.

[31] 新华社．中共中央 国务院关于构建开放型经济新体制的若干意见 [EB/OL]. (2015-09-17) [2018-08-09]. http://www.xinhuanet.com/politics/2015-09/17/c_1116598050.htm.

[32] 信托投资公司融资租赁业务模式简析 [EB/OL]. (2017-07-07) [2018-10-09]. https://wenku.baidu.com/view/211c867d11661ed9ad51f01dc281e53a5802512c.html.

[33] 许征．"代建制"让重庆公益性项目建设心想事成 [EB/OL]. (2010-

08-10）[2018-10-01]. http://news.163.com/10/0810/04/6DMRECKT00014AED.html.

[34] 严存义．甘肃首只境外美元债券发行成功 [EB/OL].（2016-11-22）[2018-10-01]. http://www.gov.cn/xinwen/2016-11/22/content_5135885.htm.

[35] 姚刚．提高直接融资比重具有战略意义 [EB/OL].（2013-11-30）[2018-06-09]. http://www.ceh.com.cn/llpd/2013/11/273697.shtml.

[36] 尹枫．甘肃省首个 BT 融资项目开工 两亿元改造石沟村 [EB/OL].（2011-06-10）[2018-10-01]. http://news.163.com/11/0610/14/766PP34M00014AED.html.

[37] 赵梅．甘肃省甘南：筑巢引凤促发展 [N]. [EB/OL].（2013-06-18）[2018-10-01]. http://news.hexun.com/2013-06-18/155246712.html.

[38] 镇远县政府办公室．镇远县多渠道狠抓融资引资初见成效 [EB/OL].（2015-09-28）[2018-05-12]. http://www.gzgov.gov.cn/xwzx/201509/t20150928_339359.html.

[39] 中国货币政策执行报告（2017 年第三季度）[EB/OL].（2017-11-17）[2018-05-12]. http://www.cfen.com.cn/sjpd/hg/201711/t2017 1121_2754440.html.

[40] 中国青年网．习近平绿色发展三大思路：绿色惠民、绿色富国、绿色承诺 [EB/OL].（2016-01-10）[2018-08-09]. http://www.chinanews.com/ll/2016/01-10/7709575.shtml.

[41] 中华人民共和国中央人民政府．国务院关于同意设立贵州内陆开放型经济试验区的批复 [EB/OL].（2016-08-05）[2018-08-09].

http：//www. gov. cn/zhengce/content/2016-08/15/content_5099596. htm.

六、中文译著

［1］阿瑟·塞西尔·庇古．福利经济学［M］．金镝，译．北京：华夏出版社，2013.

［2］艾伯特·赫希曼．经济发展战略［M］．曹征海，潘照东，译．北京：经济科学出版社，1991.

［3］C. V. 布朗，P. M. 杰克逊．公共部门经济学［M］．张馨主，译．北京：中国人民大学出版社，2000.

［4］凯恩斯．就业、利息和货币通论［M］．徐毓枬，译．北京：中国商务出版社，1983.

［5］让·巴蒂斯特·萨伊．政治经济学概论［M］．赵康英，等，译．北京：华夏出版社，2014.

［6］舒尔茨．改造传统农业［M］．梁小民，译．北京：商务印书馆，2006.

［7］亚当·斯密．国富论［M］．郭大力，王亚南，译．北京：商务印书馆，2015.

［8］约翰·G. 格利，爱德华·S. 肖．金融理论中的货币［M］．贝多广，译．上海：上海人民出版社，2006.

［9］詹姆斯·M. 布坎南．公共物品的需求与供给［M］．马珺，译．上海：上海人民出版社，2009.

七、英文资料

［1］De Mello，L. Fiscal Decentralization and Intergovernmental Fiscal Relations：A Cross－Country Analysis［J］. *World Development*，2000，28（02）：365-380.

[2] Elliott Sclar. The Political Economics of Investment Utopia: Public-Private Partnerships for Urban Infrastructure Finance [J]. *Journal of Economics Policy Reform*, 2015 (01): 1-15.

[3] Frank J. Fabozzi, Bond Markets. Analysis and Strategies [M]. *Beijing*: Peking University Press, 2006: 138.

[4] John Maynard Keynes. The General Theory of Employment [M]. interest and money, 1936.

[5] M. M. Kumaraswamy. Governmental Role in BOT-led Infrastructure Development [J]. *International Journals of Project Management*, 2001 (08): 49-73.

[6] Robert L K Tiong. Financial Commitments for BOT Projects [J]. *International Journals of Project Management*, 1997 (02): 172-179.

[7] Roy Bah1. Lumped Elements for RF and Microwave Circuits [M]. Artech House Publishers, 2003.

[8] Taylor Michael. The possibility of Cooperation [M]. Cambridge University Press, 1987.

[9] W. Alexander Roever. Public Capital, Productive Effi-ciency and Convergence in Spanish Regions [J]. *Review of Income and Wealth*, 1998 (09): 44.

后记

本书为2017年度贵州省科技计划项目“贵州内陆开放型经济试验区基础设施融资问题研究”（黔科合基础〔2017〕1518-1）和2017年度贵州省教育厅高校人文社会科学研究硕士点项目“贵州农村基础设施融资模式创新研究”（2017ssd16）的研究成果。

《贵州内陆开放型经济试验区基础设施融资问题研究》一书是集体的劳动成果。具体分工如下：李靖负责本书的设计、统稿，并参与所有章节的撰写；第一章“绪论”的主要撰写人为李靖、马静霞（贵州师范大学经济与管理学院2017级硕士研究生）、李江洪（贵州师范大学经济与管理学院2017级硕士研究生）、王宇（贵州师范大学经济与管理学院2016级硕士研究生）；第二章“贵州基础设施融资取得的主要成效、存在的主要问题”的主要撰写人为马静霞、李靖、王宇；第三章“贵州内陆开放型经济试验区基础设施融资面临的形势分析”的主要撰写人为马静霞、李靖；第四章“国内外基础设施融资及启示”的主要撰写人为李盼杰（华侨大学马克思主义学院2016级硕士研究生）、李靖、王宇；第五章“贵州内陆开放型经济试验区基础设施融资的总体要求”的主要撰写人为李靖、马静霞、李江洪；第六章“贵州内陆开放型经济试验区基础设施融资的对策建议”的主要撰写人为李靖、马静霞、王宇。就具体完成的字数而言，李靖完成约7万字，马静霞完成约7万字，李盼杰完成约5万字，王宇完成约4万字，李江洪完成约2万字。此外，贵州师范大学经济与管理学院研究生李腊梅、万云丹、严杰参与了书稿的校对。

中国经济出版社为本书的出版提供了大力支持，领导与编辑为本书的出版付出了大量的心血和精力，在此表示衷心感谢。

本书就贵州内陆开放型经济试验区基础设施融资问题展开研究，是笔者带领校内外几位研究生历经四年之久共同完成的。我们在写作的过程中借鉴参考国内外大量的专著、论文与其他文献、资料，在此，对所有的文献作者谨致谢意。书中疏漏与不足之处在所难免，恳请各位专家、学者批评指正。

笔 者

2020年2月